勇气的力量

只要怀抱勇气,
你就能活得热血沸腾!

[日]大川隆法 著 钟斯文 译

中央编译出版社
Central Compilation & Translation Press

THE LAWS OF COURAGE

前言

世界上没有勇气的人太多了。学校教育远远没有达到及格的标准，它制造出了大量惧怕失败和挫折的人。

不要怕失败。挫折正是青春的勋章，我们在失败和挫折中会有所获得。只要意志深笃，人就能活得热血沸腾，那是如饥似渴地持续的挑战，志存高远，不断向高峰攀登的精神会使人成长。

不要怕死亡。要怕的是碌碌无为、一事无成地荒废了一生。不要每天给自己找各种借口，而要呵斥那举步不前的自己。

在"智"、"仁"、"勇"俱全之后，才有"德"的完成。

大川隆法
2008年12月

目录

chapter Ⅰ 关于友情和勇气

亲密还需有间/3

各自的独立程度越高,友情也就越牢固→3

即使对方向你敞开心扉,也请不要长驱直入→5

理智地交往就能避免伤害/10

如何给对方看心中的牌→10

好好思量"可以交往到什么程度"→12

打出信仰牌的时机最难掌握→14

友情中需要坚守的原则/16

良师益友,是人生中一股向上的力量→16

必须拥有告诫和决裂的勇气→19

不良朋友圈因何越来越大→21

对"恶"的熟视无睹同样是可耻的→23

敢于做个少数派/26

大多数人的决定未必就是正确的→26

与真理为友，就能直言不讳→29

度过有勇气的人生→31

让勇气拓展你的人生轨迹/35

绝不做一个无趣的年轻人→35

惧怕失败的人已经不是年轻人了→37

人们的评价，总是在事后→40

chapter Ⅱ 关于挫折和勇气

所有的挫折都能结出甜蜜的果实/45

失败也是一种丰厚的收获→45

在失败中升华自己的灵魂→47

目　录　CONTENTS

从不同的角度发现问题的真谛 →50

做一个成功对抗挫折的人 /74

失败总是不可避免 →74

应对挫折的能力和水平因人而异 →76

转败为胜，把握幸福的种子 →79

超越挫折的最好办法 /82

一以贯之地完成自己的人生 →82

改变心态，找到人生的转机 →84

只有改变思维才能超越挫折 →86

赠给你的话 →88

chapter Ⅲ　以信仰为目标去生活

完满充实地度过人生的准备时期 /93

把握与每个年龄相适应的悟境 →93

善于学习和头脑聪明并不是一回事 →95

在数学和英语的学习中培养自己的专注力→97

用正确的方式做事是一种重要的能力→102

没有普遍的法则，只要入乡随俗→104

数学锻炼逻辑思考能力／107

数学的水平能测量文明的进化度→107

数学的能力也和职业成功相关→109

解决了难题的瞬间就像顿悟→111

外语给予我们更多的视点／114

用自己的语言成就学问→114

在外语中尝试另一种人生→118

熟练掌握外语是人生的力量→120

英语使用具有自己的严格性→122

用异质文化的视点看日本／125

用异质文化的视点看日本→125

具有明确个人主义的美国→128

文化冲击是创意的源泉→131

体力可以提高工作的能力/136

体力在个人的能力中也是很重要的→136

训练头脑和训练身体都是必要的→140

坚持到底的意志/143

向新事物挑战，以此锻炼意志→143

别让地位和名誉，成为勇气的羁绊→146

循着秩序前行，结果会更圆满/150

建立秩序的能力来源于成长中的训练→150

不善于建立程序，就难免"夺人之爱"→153

自信源自于对自己能力的了解→155

进行规划，锻炼持续工作的能力→158

凝缩工作，创造余裕→161

年轻人的"开悟"之道/164

感悟倍感苦闷的青春→164

选择的多样性是青春才有的富饶→166

chapter Ⅳ 不要失去"饥渴精神"

具有饥渴精神的人,无论多大年龄,都是年轻人/171

年轻、无名、贫穷的代名词→171

不满足于现状,经常去挑战新事物→173

通过"饥渴精神"来使自己获得成长/176

锻炼头脑和锻炼体力是紧密相关的→176

体力的下降会加重头脑的倦怠感→178

身体的健康、思维的敏捷和精神的愉悦完全可以同时获得→180

无论多大年龄,都可以开辟新的人生/182

权衡一下你所擅长的科目,就可以解读出未来的命运→182

学习成绩的优劣与职业选择的具体与抽象→186

人的不同,也就是学问的不同→188

目 录 CONTENTS

只要持续地努力，自然的力量就会降临／190

我一刻也没有忘记自助精神→190

勤奋的人常能得到灵感的青睐→192

有益的"学习法"使你掌握度过人生的力量／196

会读书也是一门学问，并值得终身钻研→196

好书需要在不同的心境下反复阅读→202

chapter Ⅴ 像热血的火焰那样生活

成功者和失败者的不同点在哪里／207

走出狭小的自我，学会和别人一起成长→207

我们所要做的，只是承认自己的心境→210

成为给他人带来成功的人→212

把自己的幸福幻化到别人的幸福里→215

不是在别人那里，而是在自己这里发现未来→218

要向所有人学习→220

勇气的力量

成就大事业，成为好领导/225

在20多岁时就让自己成为有光彩的人→225

领导力来源于对人才的培养→229

女性成为好领导的要点→231

抱着尊重的态度与女上司相处→234

你的志向决定你自己/236

展望充满梦与希望的未来→236

像热血的火焰那样生活→239

赠给你的话→242

后记/245

Chapter I

第一章
关于友情和勇气
——拥有不随波逐流的勇气,就能获得友谊

亲密还需有间

☕ 各自的独立程度越高，友情也就越牢固

> 所谓友情，在和有一定程度自立精神的人交往时，才容易建立。

友情和勇气的话题，并不局限于年轻人。

友情就该是亲密无间的，很多人都抱有这样的想法，而事实并非如此。所谓的亲密关系，并不是维系友情的法宝。相反，**越是在精神上可以相互独立的人，他们的关系越能够行得久远。**

刚刚开始一场友谊，我们就应做好准备并自问：我的精神是否可以独立于对方存在？那种需要完全依附于对方才能生活，或是带有强烈利益纠葛的关系，都是很容易破裂的。

第一章　关于友情和勇气

孔子非常佩服晏子交朋友的态度。晏子是个不轻易与别人交朋友的人，可是一旦交了一个朋友，那个朋友就会始终如一地跟随他。晏子让友谊"地久天长"的法宝是什么呢？孔子认为是"久而敬之"。也就是说，交往时间越久，交情越深，晏子对待朋友就越是恭敬有礼，这种恭敬有礼的背后其实就是双方精神的独立和相互的欣赏。

过于亲密无间的友情，起初看上去好似十分甜蜜，而最后的结果却多是以吵闹和分离收场。

关系太过亲密，多数情况下，言谈举止就会很随便；遇到心情不好的时候，又会直言不讳地对着密友发泄一番；有的甚至和朋友财物不分。这种状况看起来温馨和谐，可也往往流于随便和不恭不敬，这样一旦有小的隔膜出现，友谊就很难长久了。

每个人都是独立的，需要自己的空间，也需要获得别人的尊敬。一段关系的亲密与否，无法用外在的亲疏远近来衡量或者加固。**有更多精神上的独立，友情才会有更多可供品读的余地。**那种即使脱离对方也能活得很好的人，才更容易建立起长久而健全的友情。

☕ 即使对方向你敞开心扉，也请不要长驱直入

> 友情应是一个逐渐加深的过程，不急不躁地开始，然后渐入佳境。

有一种人是这样的，只要你向他表现出一丁点儿的好意，说了一两句亲切的话，也就是说你才稍稍向他打开了一点儿门缝，这种人就突然一下子闯进来，长驱直入，坐到里面的房间不走，想要与你亲密无间。

这样的举动通常会吓到对方，令将要打开的一扇门又突然关闭。

扮演这样角色的人，有时是别人，有时也会是我们自己。

采取这样心急气躁、大大咧咧的做法，很难与他人建立起长久的友情。因为，在只是经过短暂接触的情形下，你并不会很了解对方，而对方也并不很了解你。因相互的不了解而不断产生并升级的误解，会使得彼此都没有了回旋的余地，从而陷入分离的悲剧。

友情，是在保持适当距离的前提下，经过日积月

那种即使脱离对方也能活得很好的人，才更容易建立起长久而健全的友情。

累的磨合而慢慢建立起来的，它应是一个逐渐加深的过程，不急不躁地开始，然后渐入佳境。

否则，就只能是不断重复"突然亲密"又"忽然分离"的笑话，令自己和对方都受到伤害。

一见如故而遇知音，这是很多人理想中的情形，却并非常态。要使一段友情得以深厚，最稳固的做法是一点一滴地花费时间来加深关系。

因此，在初与朋友相识时，我们完全可以扩大交友的范围，同时控制好交往的深浅，若认为是不太想加深的关系，就不必勉强深入下去，而是继续保持浅层次的交往。这样，把握住了交往中距离的准则，无论何种层面的友情就都会给你带来快乐而又长久。

友情的培育，就像树的生长，需要循序渐进。

第一章　关于友情和勇气

理智地交往就能避免伤害

☕ 如何给对方看心中的牌

> 该到出牌的时候了。这样的过程让人兴奋，却又充满着惶惑不安。

循序渐进地交往了一段时间，双方的关系日渐加深。这样的时候，我们都不自觉地想要试探一下：自己在对方心目中的位置究竟是怎样的呢？

这样的时候就意味着，我们进入了友情的确认阶段。

该到出牌的时候了。双方都想将友情更进一步，却又拿捏不准对方的想法，于是开始了试探和等待。

双方将自己的志趣、爱好、价值观等一张张"牌"出给对方看，互相确认对方拿的是什么牌。

"是否有一张大牌呢？"我们在心中暗自思忖。

这样的过程让人兴奋，却又充满着惶惑不安。出牌，并看到对方的牌，有时候会想："呵，可别出大牌啊！"

大牌就是最后的底牌。孔子说，道不同，不相为谋。有的人可以和他一起学习，但是未必可以与他一起追求真理；有的人可以和他一起追求真理，但是未必可以朝夕相处；有的人可以和他朝夕相处，却未必可以和他权衡轻重。

在不断出牌的过程中，我们更加看清楚对方究竟是怎样的人。

清楚会让美丽加分，也会使人懊丧。

友情一点点加固，彼此都会拿出更大的牌来。需要考虑的是这样一个问题："出到哪一张牌为止呢？是不是要拿出最后的王牌？"

有时候的一张王牌，意味着一段美丽友情的开始；有时候的一张王牌，则是一段关系或期待的落幕。

第一章　关于友情和勇气

☕ 好好思量"可以交往到什么程度"

> 一开始就打出一张很大的牌，友情往往就难以建立了。

我们应从出小牌开始，在逐步加深理解的基础上，不断得出更清晰的判断，然后再考虑如何打出或要不要打出下一张牌。

要彼此完全理解是很难的，如果会发展为伤害彼此的关系，还不如保持距离；若是能深深理解的关系，就要好好考虑"可以交往到什么程度"；若感到"不能再深交了"，最好就停在那个阶段，当然也有可能在那之后因为某种契机而又发展为更深入的关系。

朋友有多种多样的，有心灵契合但学识有限的，也有博学多才但志趣不投的。一开始就打出一张很大的牌，无异于生硬地将绝大多数人都挡在了门外。

尺有所短，寸有所长，从长处用人，人人皆成功；从短处用人，人人皆失败。交友的学问正和儒家的用人之道不谋而合。慢慢地出牌，也是在给我们机会去交到各个层面的朋友，并能始终拿捏到一个较好的尺度。

回想我的年轻时代，比较容易和那些对宗教有所理解、或是爱读书而富有修养的人成为朋友。

而和其他朋友交往时，一旦我的话题涉及信仰方面就很容易触礁，看法的巨大分歧使得再谈什么都味同嚼蜡。后来我就经常将话题控制在谈论人生和人生观的阶段，这样一来，我又可以继续出牌了，这也就意味着，其中的某些关系还可能在未来出现转机。

感觉上与我谈得投机的人，多是比我年长十岁或十几岁的，因为我平时的所思所想，都是有关人生观的问题，所以与同年代的人往往难有共同语言。然而我并不感到沮丧，要知道，若是与同年代的人话不投机，那就可以试试看与年长的人聊聊。

第一章　关于友情和勇气

☕ 打出信仰牌的时机最难掌握

> 如果不打出信仰牌，还可以有世俗意义上的交往。

在所有的牌里，打出信仰牌的时机最难掌握。因为信仰包含的是心灵最深处的东西。打出信仰牌，也就意味着亮出了自己的底牌。

很多时候，如果不打出信仰牌，大家还可以继续世俗意义上的交往，而一旦打出信仰牌却又话不投机，立刻就会感到两人之间仿佛突然出现了一堵无法穿越的厚玻璃墙，近在咫尺，却难以沟通。

假设一个有信仰的人，他在满怀期待地和自己喜欢的异性交谈时，却得知对方是个拜物主义者，这样一来，即使曾经想过"这个人真不错，真想谈朋友结婚"，但价值观的根本不同，就暗示着这段关系在将来的发展会很艰难。

十年修得同船渡，百年修得共枕眠。有缘成为父母、兄弟或夫妇的人，彼此的关系有着天然的纽带，能够较容易地做到毫无隐瞒、无话不说。可是想要在朋友间培育出这样深厚的情谊，终其一生也不会有很多。

在打出信仰牌时，如果一定要简单地以"是"或"非"来判定能否交往，就很容易遭遇挫折，而这正是不善于与人交往的表现，两败俱伤的情形很容易因此而出现。

因此，在人际交往中，重要的是要善于洞察双方的关系"可以发展到哪里"，并一张一张地看人出牌，进而加深友情，这才是人际交往的上策。

第一章　关于友情和勇气

友情中需要坚守的原则

☕ 良师益友，是人生中一股向上的力量

> 与愚人恶人为友，不如像犀角那样独来独往。

在青春时代，比如懵懂的学生时代，"尊谁为师，与谁为友"，对每个人来说，意义都十分重大。

在这个阶段，我们接受信息的能力和愿望都十分强烈，可思想却又宛若天地之初，混黄一体，尚未有清晰的边界。面对横亘在面前的千万条岔路口，何去何从难以分辨。这时，我们亟需一个积极向上的力量来做指引，让人生走上更加光明的路途。

在2600年前，释迦牟尼佛就反复告诫人们：

莫与愚人为友，莫与恶人为友。
与愚人恶人为友，不如像犀角那样独来独往。
要与比自己优秀者为友，要与走真理之路者为

友。若不能交良友,不如像犀角那样独来独往。

在释迦牟尼佛的教导中,常会出现"犀角"这个比喻。想象一下犀牛挺着一只角独来独往的姿态,确有"孤高之人"的感觉。

宁可独来独往而不随便交友,这就告诉我们,和什么样的人交朋友确须慎重对待。因为,对一个人的人生观乃至未来起影响作用的,正是师和友。

沉沉夜色中,有了北斗星的指引,人们就不会迷失方向。**好的老师,正是我们人生路途中的北斗星,心中惶惑不明时,望一眼那明亮的星,立刻就能找到正确的方向。**

选择朋友也是如此,交了品性不良的朋友,就很容易误入歧途。

"近朱者赤,近墨者黑",说的就是这个道理。人际交往中,朋友和老师的影响力不可小看。孔子说,有益的朋友有三种,有害的朋友也有三种。正直的朋友可以指出自己的缺点,诚实的朋友不会暗害自己,多闻的朋友可以使自己增长见识,这三种是益友;而心胸狭窄、缺乏主见、喜欢阿谀奉承的朋友,则需敬而远之。

与恶人为友,不如像犀角那样独来独往。

必须拥有告诫和决裂的勇气

> 追寻真理、志同道合的同伴总会出现。

目前，中学生在商店里偷窃的事儿比从前多了起来，他们多数不是一个人单干，而是几个人组成一个小组一起行动。小组里有人偷东西、有人望风、有人接应，还有人假装买东西。比如说在便利店里吧，假如当时店里只有一个店员，几个中学生组成一个小组一起去作案的话，很容易就能够得手。

这种拉帮结伙去偷窃的伙伴，就是恶友。

这样的朋友关系，发展到五人、六人、七人或八人那样一个团伙，一起去偷东西时，你想不参与都不行。你说不去，他们就会说出"当心大伙儿都不搭理你"之类的话来威胁你，这样一来，你也就不得不参与进去了。

这就是为什么和坏人交朋友，自己渐渐地也很可能会被带坏的原因。人有时候因为不能从坏朋友那里逃开，常常会出于同伙意识而参与做坏事。

这样的朋友圈是恶性的。如果真是朋友，就该有

第一章　关于友情和勇气

勇气告诫对方"这种事情做不得"。

如果由于你的劝阻，反倒引来对方的指责，那索性不做朋友也没有什么。

道不同，不相为谋。如果一定要参与做坏事才能获得友谊，倒不如做一只我行我素、独来独往的犀角。追寻真理、志同道合的同伴总会出现，你又何必在意此刻是否有朋友呢？

对于已经建立的友情，如果朋友做了错事，要有能清楚地说出"你错了"的勇气，你必须该说就说。不然，他们就有可能走上犯罪的道路，并因此而毁了前程。

☕ 不良朋友圈因何越来越大

> 品性不良的人,身边常会有很多缺乏勇气的朋友簇拥。

现在,一对一的单打独斗很少发生,经常可以看到的都是一个头目带领一伙人去欺负一个人。这正是不良朋友圈的缩影。

一伙人欺负一个人,这真是一种卑劣的做法。

人多的那一方,看起来气势汹汹,然而多数都是外强中干。他们中有不少人本不想欺负人,但又因为害怕得罪头目而不得不一起做坏事。

只要跟随头目,就能得到保护,因为惧怕受排挤而加入小集体,这正是缺乏勇气的表现。

遭受集体欺辱的通常是与众不同或同集体不协调的弱者,如转校生、身体有缺陷的学生,或公司里的新人等。

这样的一伙人,只要见到有些看不顺眼的对象,就群起而攻之,他们通过进行这种好像仪式一般的欺负行动来增强同伙意识。就如同"一起行窃就成了同

第一章　关于友情和勇气

伙"，这些人之间萌生出一种类似于犯罪组织的伙伴意识，欺负人就成为他们在一起时的主要活动。一起作恶的次数越多，他们之间的归属意识也就越强。

这样下去，那些曾经是受欺负对象的孩子，慢慢也会被这样的团体吸收进去，转而变成欺负人的人，去欺负新的对象。

于是，想加入恶势力团体的人越来越多，大家都想在这样一个"恶"的保护伞下，不惜通过伤害别人以求自保。恶性势力因此得到更快的繁殖，从起初的一个人、两个人，到五个人、十个人……

这就是"大家一起干就不怕"的心理。这真是一个悲哀的情形。

☕ 对"恶"的熟视无睹同样是可耻的

> 任何一点精神上的退却都有可能使你成为"恶"的奴仆。

造成恶性现象扩大的原因还有一个,就是老师的敢怒不敢言。

老师即是现实意义中的审判者。

试想,如果一个教室里有十几、二十多个人都参与了欺负人的行动,那么就很难确认究竟是谁干的。从老师的角度来说,如果犯人只有一个,老师也容易进行批评教育,但如果是一群人欺负一个人的话,老师就要为保卫一个人而去惩罚这十几、二十多个人,这令老师也感到十分棘手。

通常的情况是,老师即使掌握了欺负人的事实,也常常故意熟视无睹。因为这时欺负人的团体已经成为班级的主流,批评他们很容易引发班级崩溃,以至于所有的学生都不听自己的了。因为不愿站到一个恶的群体的对立面去,所以老师也敢怒不敢言,放任这种恶性现象日益扩大。

第一章　关于友情和勇气

心理学上有一种现象叫做集体无意识。而面对这样集体无意识的行为，老师的沉默无异于给作恶者注入了一剂强心针。

对"恶"的熟视无睹本身也是一种恶，因为害怕自己遭到反对，而对"恶"作出妥协，这种行为应遭到我们的鄙视。

一旦你开始从事一件事情时，不妨对自己说："在这件事情上，我或者表现出勇气，或者只能陷于懦弱。我没有任何退路。"

是的，不管出于何种理由，一旦你选择了沉默，你就与恶站到了同一条战线上。此时，**任何一点精神上的退却都可能使你成为"恶"的奴仆。**

任何一点精神上的退却都有可能使你成为"恶"的奴仆。

第一章　关于友情和勇气

敢于做个少数派

☕ 大多数人的决定未必就是正确的

> 大多数人的决定未必就是正确的，懦弱者常常更愿意用屈辱换回安宁。

恶的势力不但没有萎缩，反而在世界各地大行其道，愈演愈烈，其根本的原因是什么呢？

中国有句古语，叫做"和为贵"，这句话出自《论语》。

《论语》里还有另外一句话："和而不同"。意思是，少数人并非必须服从多数人，一个人可以与他周围的人保持和谐融洽的关系，但不应以放弃自己的原则为代价，如此才是真正和谐的共生关系。

而在日本，这后一句几乎被完全地忽略了。

日本传统文化有着强烈的村落社会意识，那就是："大家都得一样，以团队精神行事就是正确的，标新立异就是错误的"。个人利益应尽可能地服从于集团利益，否则就会被视为另类而遭到排挤甚至制裁。太平洋战争爆发前，日本劳动力有一半以上是农业人口，人们有着强烈的村里村外的意识，和对邻村人的歧视意识，这样的情况甚至延续至今。

日本人会说，闯红灯大家一起过，那样就不害怕了，但法国人则可能说，脚是自己的，判断是要靠自己去作的。

另一方面，战后民主主义的投票选举原理，即少数服从多数的做法是一个不小的诱因，它最大限度地激发了人们内心的从众心理。人们在这种情绪的蛊惑下，极易失去正确的判断，或者干脆变得麻木，人云亦云。

以前面所说的学校为例，孩子们认为班级中大多数人所做的就是正确的，如果不参与就划不来。于是，参与的人越来越多时，恶的势力越来越大，就愈发被认为是正确的。

依我看来，以上两点就是滋生恶势力的土壤。

集体的决定或犯罪令集体外的人感受了一种强烈

的压力和不安,为摆脱陷入被孤立的境地,就只好违心地融入集体,并成为集体力量中的一员对集体外的人施压。

如此看来,人的内心哪怕隐藏有任何一点恐惧,都会使他受魔鬼的利用。懦弱者常常更愿意用屈辱换回安宁。

☕ 与真理为友,就能直言不讳

> 与真理为友,就能直言不讳。

会很轻易地被卷入到大多数人的势力中去,是因为心中没有区分善恶的标准。

当自己的想法与集体中大多数人的想法相悖的时候,抗拒或是妥协,这取决于我们判定善恶的标准,是坚定地站在真理一边,还是更多地顾及自己的处境。

假若我们只是考虑,是否会因违背大多数人的决定而使自己处于孤立无援的境地,那么,无论如何,我们都无法在他人或集体的行为出现偏差时,及时地予以劝导。要么站在集体一边,要么坚持己见,两者之间绝没有中间路线可走。**要么与善为友,要么与恶为友,你必须作出选择。**

在学校里,看见一群人欺负势单力薄的一个人或集体犯罪行为后,能立即说"这不对"的,一般都是

第一章　关于友情和勇气

在海外待过或有宗教信仰的孩子。

这样的人较少受传统文化的影响,他们在判定一件事情时,更愿意依据真理去采取行动、判定善恶,极少受到利益的羁绊或是被集体的意见所左右。而那些简单地认为大多数人的意见就是正确的人,常常会被卷入大多数人的势力圈子中去,被恶的力量所控制,失去自我的决断力。

依据我的经验,从国外回日本的人能比较直截了当地指出:"这是错误的。"这也提示我们要更多地与外部的世界沟通、融合,如此才能吸纳更多更为普世化的善恶标准,以此来超越国籍和村落社会意识的局限。

我因此而强烈感受到,今后的学校教育应开始实施这种国际视野中的善恶教育。

☕ 度过有勇气的人生

> 人们妥协了,真理就消失了。

年轻人一定要心怀勇气,并将这份勇气保留到底。我们对重大事件沉默之日,即是我们的生命结束之时。

如果这个世界上有的只是随潮流而动的人,未来的美好图景就将很难实现。

我们不能随波逐流于大多数人的意见之中,而是要以普遍的善恶标准来思考和行动。这个世界上不能没有坚决说真话的人,如果大家都知难而退、随波逐流,那么未来只会越变越糟。

年轻时就缺乏勇气的人,到年老时就更难拥有勇气了。

当人怀着勇气并付诸行动后,一旦遭遇挫折,碰壁吃亏,也就渐渐失去了充满勇气的行动。如果你想着"这是一个少数服从多数的世界,如果大多数人都这样决定了,那就没办法了",那么真理就不能在大地生根发芽。

大多数人的决定未必就是正确的。

在所有的牌里,打出信仰牌的时机最难掌握。

第一章　关于友情和勇气

人们妥协了，真理就消失了。

勇气需要培植和坚守，真正的勇气是能够让心灵始终与正义同行。它并非生而有之，因为即便是那些年轻时充满勇气的人，一旦成家以后，特别是有了社会地位之后，通常也会渐渐变得不敢直言，养成保守的做派。至于那些在年轻时就缺乏勇气的人，到老了就更不可能有勇气了。

实现真理，需要勇气。请拿出勇气来，度过有勇气的人生。

让勇气拓展你的人生轨迹

☕ 绝不做一个无趣的年轻人

> 年轻人应努力成为话题丰富的人,多多表达自己的意见。

关于勇气的话题,我还想再向年轻人说一点,那就是,希望你们成为有趣的人。

很多年轻人都非常认真上进,这意味着他们将成为时代的希望。而一些上了点年纪的人与他们会面后,却常常会得出结论:和这样的年轻人见面很无趣。这实在是一个令人沮丧的评价,诚然,认真没什么不好,但如果被认为是无趣的人,那就未免会有视野狭窄、话题贫乏之嫌。

我在年轻时候绝不是一个无趣的人。20多岁时,

第一章　关于友情和勇气

我曾住在纽约，那里的美国朋友常常说我是随和而幽默的。美国人给予能够直接说出自己想法的人以较高的评价，因为这样他们就能明了对方的想法。那时，我周围的人几乎都认为我是一个非常有趣的人。

我希望所有的年轻人都能够成为有趣的人。要做到这一点，你们就应关心各个领域的事情，这样在与朋友沟通聊天的时候，你们才能想说什么就说什么，成为能随意表达自己意见的有勇气的人。

☕ 惧怕失败的人已经不是年轻人了

> 人生最大的失败,是从来没有失败过。

有挑战,就必然会遭遇失败,那些有远大目标的人常常会经历更多的失败。可是,惧怕失败就不是年轻人了。惧怕失败的人,他已经提前步入了人生的暮年。

人年纪大了,自然而然会变得保守谨慎,不敢并且也不愿去尝试种种挑战。比如商业中的经营者,很多人年龄大了就不敢再去挑战新事物,所以常常被时代所淘汰。于是到了一定年龄,就会被请出公司。

年轻人理应具有挑战精神。即使被老人劝阻"不要这样做",也必须要有说出"无论说什么我也要干"这样敢于违抗权威的勇气。年轻人就要不怕失败,敢于坚持自我和挑战权威。

第一章　关于友情和勇气

　　说"自己是没有失败过的人"，也就等于说"自己从来没有挑战过"。

　　这句话也适用于我们的工作。什么都不做的人自然不会失败，那些越积极勇敢地工作的人，失败自然会越多。我们知道，新兴企业的成功率只有10%，但即便如此，如果没有勇气进行挑战，便无法开辟出新的道路。

　　在学校里，比如说在棒球队或足球队里，那些抱着"想成为替补选手"的志向而参加球队的人中，有一半能够实现目标。在成为正式选手后，接着不少人又会列出想要参加地区大赛、参加全国大赛等目标，这样一来，目标越高，难度就越大，遭遇挫折的可能性也就越大。想想看，若是有人设定了一个想要拿奥运会金牌的目标，那么有99.99%的可能，结果会以失败而告终。

　　任何领域都是如此，目标越高，失败的可能性就越大。但是，如果一开始人们就因为害怕失败而不去挑战，导致最后一事无成，这才是比失败还要坏的结果。

　　我自己就遭遇过无数次的失败，这是难以避免的。只要不断挑战，就会不断失败。在这个过程中，如果降低目标，自然就能避开失败，但那样的人，是毫无挑战精神的。这样贫乏的人生难道是我们想要的吗？

我们必须明白，从来没有失败过正是人生最大的失败。失败多的人，说明他进行过很多次的挑战。所以，不要惧怕失败，满怀勇气地去挑战。

第一章 关于友情和勇气

☕ 人们的评价,总是在事后

> 请跨越我而前行,将我的失败转化为智慧,走得更远。

年轻人,应该有引领时代的远大目标。

新时代不是靠一个人开辟的,只有大多数的人都高举理想的旗帜、前仆后继,即使途中尸横遍野也毫不畏惧,新时代才有可能被开辟出来。

不要怕自己会失败,年轻人应该想着"即使我成为尸横遍野中的一员,也要尽其所能",甚至在自己倒下的地方,对5年后、10年后、20年后继承自己遗志的挑战者抱着这样的心情:请跨越我而前行吧,将我的失败转化为智慧,走得更远。

"我才不服输呢",你这样想着,并不断前进,渐渐的,同伴就多了起来。当相信你的人增多以后,就形成了一个团体,又过了几十年,当你具有了一定的影响力之后,社会就会给予你"也不全都是胡说八道嘛"之类的评价。

人们的评价,总是在事后。不要成为急功近利的人,不要说"若不能立刻得到好评就不去做"这样的话,只要自己认为"这是正确的"、"这是真实的",就要对此保有挑战精神并坚持到底。

请不要惧怕孤独,怀着勇气度过强有力的人生!

但愿这一章对你有所指引。

世上如果没有充满勇气说出真理的人，那么这个世界就不会变好了。

Chapter II

第二章
关于挫折和勇气
——换个角度,痛苦也会变个模样

所有的挫折都能结出甜蜜的果实

失败也是一种丰厚的收获

> 在人生的道路上,如果没有"将失败转化为智慧"的才智,人生便会失去许多有意义的事情。

在这一章里,我们将以"忍耐挫折的能力"为题,讲述在遭遇人生失败、痛苦和不幸时应该用怎样的心态来面对。

如果人生旅途能够一切顺利,总是获得成功和胜利的话,那当然是件令人高兴的事。但实际上,人一生中要想总是成功和胜利,几乎是不可能的。而这个道理,世界上有很多人都不明白。

那些成功的人,总是渴望挑战更高的目标;那些

第二章　关于挫折和勇气

经常获得胜利的人,总是渴望寻找更强的对手,但无一例外的是,他们每个人都会在前进之路上碰壁。当挫折来临时,我们首先应该知道,"挫折并不仅仅是坏事"。当我们用现世的短浅眼光来看时,会感到"成功是好事,失败是坏事",但如果通过真理那深邃的目光来看,事实并非如此。

曾经流行过"失败学",是为了避免重蹈覆辙而探究失败原因。有时候人们通过别人的失败,能从中汲取教训,在一定程度上可以避免犯同样的错误。所以,有时候我们能从别人的错误中绕过弯路、找到捷径,或者即使失败了,我们也不会一蹶不振,明天又能充满信心地重新开始。

在人生的道路上,如果没有"将失败转化为智慧"的才智,人生便会失去许多有意义的事情。

这些观念,我总是一而再、再而三地讲述,因为事实就是如此。

生活中的我们总是追求"有更丰硕成果的人生",而从"人生的成果"来看,其实无论是成功还是失败的经验,都可以成就我们丰厚的收获。

☕ 在失败中升华自己的灵魂

> 如果只是将失败和挫折看做坏事，认为避开它们就是人生胜利，那就错了。

在企业中，也有"常胜就容易轻敌而失败"的问题。松下幸之助就曾说过："连续成功并非好事，成功三回，失败一回会比较好。"

这句话，当然并非"推荐失败"。

这里是说，如果总是成功的话，人们就会放松警惕，掉以轻心，从而迷失自我，以至于最后遭遇一个巨大的毁灭性失败。但如果成功三回之后遇上一次失败，就会觉得："哎呀，我没有做好，这回失败了"，我们松懈下来的神经就会提高警惕。这就好像菜加了盐才有味道一样，人因为有了失败才会懂得反省和谦虚。

始终认为自己会成功的人，不仅是因为自己不能客观判定局势，而且还有可能是因为他们并没有经历过真正的战斗，没有接受过真正的挑战。

如果只是将失败和挫折看做坏事，认为避开它们

第二章 关于挫折和勇气

就是人生胜利,那就错了。

人生总免不了要遭遇这样或者那样的失败。确切地说,我们几乎每天都在体验各种失败。有时候,**我们甚至会在不知不觉之间和失败不期而遇。**

面对失败,我们或以紧急救火的方式扑灭失败,或以被动补漏的办法延缓失败,或以收拾残局的方法打扫失败,或以引以为戒的思维总结失败……虽然这些都是失败之后十分需要、甚至必不可少的补救,虽然它改变不了已经摆在眼前的现实,但它却会为我们赢得飞跃的时机和灵魂升华的机会。

感受天意之仁慈,从挫折中寻找幸福的种子。

第二章　关于挫折和勇气

☕ 从不同的角度发现问题的真谛

随着社会日益发展，人们的要求越来越高，满足感的水准也在提高，人们在充满失败的社会中会感到异常苦恼。

可是，看事情不能只看一个角度，偶尔改换视角，从另一个地方来看问题，或许我们能从失败与挫折这些苦恼中发现不同的东西。

以下讲几个具体的例子：

改换视点之一：

换个视点才能看到事物的另一面
——较之印度，东京是个未来城市

> 我为道路的平坦顺畅而惊异，车身毫不颠簸，就好像坐在UFO里在空中飘荡一样。

首先从"环境"视点来看。

正在阅读本书的读者，也许此刻正在为自身所处的环境而心怀不满，感到烦恼。但是，如果从一个外国人的视点来看你所处的环境，却是一番完全不同的景色。

从前我去印度两周后乍回日本时，有"来到了未来城市"的感觉，从成田机场回东京的一路上，我为道路的平坦顺畅而惊异，车身毫不颠簸，就好像坐在UFO里在空中飘荡一样。

其实在去印度之前，我对日本的交通也有"堵车太烦"、"路上车太多了"之类的怨言，却从未意识到自己是行驶在如此平坦宽敞的道路上。

可是，在印度寻访各地佛迹朝圣时，我发现那里的道路基本都没有整修过，路上坑坑洼洼，有时车子一路颠簸，仿佛轮胎都要被颠下来了一样。因为经历了印度的道路，所以我对日本的公路有了新的认识，才知道它们其实已经被整修到了难以置信的完美程度，我才知道每天能够在这样的道路上行驶是件多么幸福的事情。

就是这样，换一个视点，就能看到事物的另一方面。

第二章　关于挫折和勇气

改换视点之二：

分数并不代表你的全部

——录取分数线越高的学校，自杀率也越高

> 考了个好分数进了所好学校并不一定就是成功，反之，也不一定就是失败。

接下来，让我们考虑一下年轻人的苦恼，比如高考这一关。

如今正处于高考战争中的人，可能是倍感艰苦，但从教育制度还不完善的国家来看，像日本这样拥有各种接受教育的途径和条件实在是很幸福了。所以，请你们用这一种角度来看看我们生活的社会。

现在的学校都以分数来划分学生的高低，所以对于考生们来说，入学考试确实是一处决定成败的分水岭。不过，考了个好分数进了所好学校并不一定就是成功，反之也不一定就是失败。

有人指出，"录取分数线越高的学校，自杀率也越高"。从自杀问题来说，并非"人生失意就自杀，人生得意就不会自杀"，应该说"人生比较成功的人，在中途遇到挫折时自杀"的情况比较多，因为他们的人生没有经受过什么大风大浪，于是一点点失败就可以成为致命的打击。

话题要回到30多年前，我刚进东京大学时偶然听来的话至今让我印象深刻。

有一个教授说："文Ⅰ（文科一系）的人，每年总有一个自杀，但文Ⅱ（文科二系）的人就没有自杀的。"文Ⅰ是文科一系的简称，多是准备当官或进入法律界，读法律系的预科学生。而文Ⅱ的学生则是准备毕业后进入公司就职，读经济系的预科学员。

看着大家诧异的目光，那位教授接着说道："文科一系云集了全国各地分数最高的学生，他们总觉得'自己不得第一就难以忍受'，于是遇到挫折就自杀了。现在这种看法和思考问题的方法在我们看来是多么大的错误啊，所以大家要注意。"

其实这个道理很简单，即使各地的第一名云集到一起，进行重新排名时当然会出现新的第一名和最后一名，可就因为"不能忍受我不是第一"，有的人就会因为无法承受而选择自杀。而那些从一开始就对失败作了充足心理准备的人，承受挫折的能力反而比较强。

人生伊始就路途顺利的人，中途发现此路不通，就倍感痛苦,因为他们认为"我的人生应该畅通无阻",一旦遇到挫折就承受不了。

而进入了录取分数线较低学校的人呢,早早就知道了挫折的滋味,对自己不会期望过高。当人生的初始阶段就认为自己"没什么了不起"的话,人就不会轻易自杀,这些人的人生,有朝一日畅通起来,会令旁人大吃一惊。实际上,我们的生活中确实经常看到,有的人虽然只进了录取分数线不高的学校,但在人生的某个阶段却迎来了成功的顺境。

改换视点之三:

幸福在"挫折免疫"中酝酿

——在人生早期就尝试失败,可获得"挫折免疫"

> 人若在早期经历了不被认同、怀才不遇等落寞失意,就会拥有免疫力,变得坚强。

现在我们要说的这个例子也许比较极端,却是实实在在存在的问题:

比如说流浪汉们为了生存,不得不与乌鸦抢食物,或者捡别人不要的东西吃,还经常睡在野外。虽然他们的生存条件很差，但他们却活得生机勃勃。而另外一些大企业的社长或部长，当自己的企业濒临倒闭时，却会选择轻生。如果从处境来说，二者无疑有着天壤之别，然而事实上处境优越的人反而会去自杀。

此外，也有这样的人：以优秀的成绩从东京大学法学系毕业，而后进入财务部，但在此后的晋升竞争中失败了，便对人生悲观失望而选择自杀。

当我们考虑"谁是人生的成功者、谁是人生的失败者"这样的问题时，谁也不想选择哪怕是一路都被人赞为"优秀"、却在中途突然跳楼自杀那样的人生吧？那种人生实在是窝囊至极。

话又说回来，虽然有些时候我们不至于自杀，但在工作中还是会有失败的，对此，每个人的承受能力不同。一般能承受多大的失败和困难，也能说明这个人有多强的实力。

有的人经历过苦难的人生，如同比目鱼或鲽鱼那样，改变自身颜色以接近水里泥沙的颜色，在海底缓缓移动，机警地生存，反而能拥有另一种广阔视野，能了解世间真正的价值标准。这样的人，经过磨砺而变得坚强，就能不畏艰险地活下去。

第二章 关于挫折和勇气

人若在人生的较早阶段就经历了不被认同、怀才不遇等落寞失意，就会拥有免疫力，就会变得坚强。从这点来考虑，我一边想"考试的学生很辛苦"，一边又对他们说"去挑战，失败也没关系"。

失败得早，得到免疫力也早，能够懂得"活在世上并不容易"，这是一件好事。因为**懂得了"地球不是围着自己转"，年轻人才会认真思索问题**。

同时，即使今后遇到挫折，也能拿出"天无绝人之路"的毅力来。很多人都认为只有满足了这个条件，才能获得幸福，所以在人生的道路上，不要忘记为自己打一针"挫折免疫"。

改换视点之四：

美人有想不到的苦恼

——美人的烦恼，只是你不知道而已

> 被一个好男人所爱当然是件好事，但如果被太多人喜欢，就很麻烦了。

大凡女性都认为，"如果天生丽质多么幸福啊"！而我感到，在现实中"生为美人而幸福快乐地

换个视点就能看到事物的另一面。

第二章 关于挫折和勇气

度过一生"几乎是不可能的事情。

最近发生了不少"女孩子被跟踪"这种事情。在上班上学的路上被盯梢,没完没了地收到信,接到匿名的电话,那些被称为美女的人,遇到这样的麻烦自然就多。

被一个好男人所爱当然是件好事,但如果被太多人喜欢,就很麻烦了。当人接受到别人发出的"束缚"时,即使不是通灵人士,也会感到被人黏黏糊糊地缠着是件多么烦恼的事情,所以当美人也不容易啊!

而且世界上很少有人不抱怨自己的容貌。人是个多面体,我们常说谁长得漂亮,谁长得丑,那只是我们从一个角度去看。当我们受到打击而缺乏信心的时候,不妨换个角度审视一下自己,你也许会发现一个与众不同的自我。

长得丑点儿的确是一种缺陷,但如果只盯着自己的缺陷,它就会告诉你自己是多么丑陋,多么不幸,这时你的眼前就像横着一幅放大镜,小小的缺陷就会被无限放大成悲剧或灾难。可是,当你换个角度来看时,这个缺陷并不致命,甚至完全可以忽略不计。

从生理上来说,世上很难找到完美之人。人有生理缺陷当然遗憾，但它既已存在，我们就该泰然处之。人生的价值在于奉献和创造，在于完美人格的构建、灵魂的塑造和精神的升华。我们不必为自己的平庸与丑陋感到自卑，只要善于发现，你完全可以从这些自认为丑陋的缺陷中找到有价值的那一面。

改换视点之五：

钱是好东西 也是坏东西
——有人成为金钱的奴隶，有人成为金钱的主人

> 钱这个东西，有好处也有坏处，但一些人只看到钱的坏处，称"金钱毁灭人生"。

接下来，要谈一谈金钱问题。钱这个东西，有好处也有坏处，但一些人只看到钱的坏处，称"金钱毁灭人生"。

确实有这样的倾向，即"钱多了就不肯好好工作"，凡夫俗子若非在"必须还债"等压力下，是不会拼死工作的，生活中十有八九的人是这样的情况。

人去工作，是因为有各种理由："买房子的时候

第二章　关于挫折和勇气

向银行贷款30年，到退休为止都不敢辞职"，"孩子需要教育费，我必须工作"，"事业失败了，必须拼命挣钱"，等等。

令人遗憾的是，世界上有很多人是"因为欠债所以工作，如果不欠债，就不想工作了"。在现代社会生活中，那些能够成为亿万富翁的人都拥有正确的金钱观。他们明白在营销时代，最有意义的资源就是金钱，金钱是所有资源转换的媒介，人生营销中，金钱具有重要的意义。

反之，普通人若有了余钱，心态也就松散了。很多人是这样的，如果发了横财，就会像芥川龙之介的小说《杜子春》里写的那样，请大家喝酒高歌，转眼就散尽了钱财。

此外，别说金钱，就连学习也与此有类似之处。大多数人若偶尔获得了超出自己努力的好成绩，就会懒散起来，而一旦成绩下滑了，才又开始刻苦。

结婚也一样，年轻男子觉得女子美丽，想与她结婚。而一旦结婚了，就要为了维持家庭而几十年如一日地工作，就好像在人生的较早阶段就把自己的未来作了担保，借了一大笔钱，从此就像还债一样养家糊口，努力工作几十年。

从某种意义上来说，像婚姻这个社会结构，真是很切合于这个世界。用"性本恶"理论来说，这个结构可以约束人性的散漫、怠慢和傲慢。

改换视点之六：

把"不足"当作成长的梯子
——把人生的不足转化为自己的优点

> 放眼望去，正因为人与人之间有各种"差别"，社会才丰富多彩。

人性中存在"有不足，就勤奋，无不足，就松懈"的一面。因为有这一面，所以如果世界结构是完全彻底的平等社会，那么人们就都不去努力，社会就渐渐萧条了。

《庄子·内篇·齐物论》有言曰：故知止其所不知，至矣。学问的最高境界是什么呢？是无所不知，还是一无所知？这里的"知"指的是一般的知识智慧。"道"也有一个最高的标准，即"止其所不知"，到了最高处便是不知，无念之境，无道可道，方为最高。

第二章　关于挫折和勇气

曾经有一位高僧鸠摩罗什的弟子僧肇，在一篇文章《般若无知论》中说，智慧到最高处，没有智慧可谈，才是真正的智慧。

人有所精，物有所专，本不是坏事，然而有时一个人的某一专长到达一个最高境界，反而会挡住其他知识。孔子在《论语》中也说自己一无所知，什么都不会，因此能够样样会，无所不知有时又是一无所知。曾经有人以禅宗经常标榜的珠子走盘为例解释，它一无所知，因此无所不知。知识到达最高处即为"无知"，始终宁静，没有主观，没有先入为主，就是最高的学问境界。

比如说，在棒球或足球的专业球员中，有年薪几亿的一流球员和赚不了那么多的普通球员，他们之间在酬金上有很大的差别。如果所有球员的报酬都无关能力和结果，一律平等，那么球员们还会认真努力吗？

这样一看，正因为有报酬的差别，球员才会认真，比赛才会有趣。放眼望去，就因为人与人之间有各种"差别"，社会才丰富多彩。同时，这也创造了各种人在各自道路上努力的可能性。我们都需懂得这一点。

在生命中勇于攀登、不断向困难发起挑战的人，常能赢得更大的机会。

第二章　关于挫折和勇气

改换视点之七：

换一条自己想走的路

——确定你的路，然后勇往直前

> "走别人都想走的路"，从某种意义上说，可能会让你陷入痛苦的人生。

接下来，我想谈谈"如何用理性的眼光重新审视自我的人生"。

每个人都有自己的自性，也就是自己的本心。如果你能确定自己是正确的，就要勇往直前走下去，不要犹豫不决，也不要太在意别人的看法。

《庄子·人间世》里说："瞻彼阕者，虚室生白，吉祥止止，夫且不止，是之谓坐驰。" 一个人要从重重束缚和闲置中摆脱出来，达到自由的境界。这自由是怎样的自由？如何获得自由？庄子告诉我们的自由方式是精神的自由，一个人人身的自由算不上自由，只有精神的自由才是真正的自由。

年轻时，不如意事常八九，那些愿望中，有些是出自自己的愿望，但也有很多是因为"朋友是这么说的"，"朋友们都想去的"，"父母这样希望的"，等等。

　　人生有很多岔路口，而每个人只能走一条路，无法同时走几条。看着人人都艳羡的路，想着"我也想走这条路"，但这条路却走不通，这时候人就会伤心失落。当人找到自己的路，明白"我走我的路"的重要性后，就会感到"我只能走我的路，其他的路都无法令我满足，我庆幸我有这样的人生"。

　　人生本是为获得新的个性而来，与别人不同也并无不妥。人得抱着"享受与众不同，享受特立独行"的心情生活。

　　"走别人都想走的路"，从某种意义上说，可能会让你陷入痛苦的人生，因为谁都想去走的路，很可能对你来说并不是一条幸福的路。

　　综上所述，人需要带着一种冷静旁观的目光去走属于自己的道路。

第二章　关于挫折和勇气

改换视点之八：

精英们也有自己的烦恼
——人人羡慕的道路并不一定就好

> 在一般人看来是精英的医生们，也要经历各种各样的挫折。

世界上，有人做着令众人羡慕的工作，他们通常被称为精英人士，但是，活在那个世界中，也不能保证他们就没有烦恼。就算看上去一路顺利、毫无挫折，但实际上在他们内心中，也有挫折感，并为之痛苦。

◆ **当医生之前的挫折**

这里将以立志当医生的人为例，让我们追寻这些精英人士的人生轨迹。

比如说，在小学中学这样的儿童时代，有一个人怀着"想成为一名医生"的理想。为了当医生，就要考进大学的医学系。可是，所有大学的医学系都只收100名学生，要想考取十分不易，在考大学医学系这一关时，就有很多人不合格，这是第一阶段的挫折。这个挫折是"考不上医学系"。

即使考进了医学系，若不能通过国家资格考试，也当不上医生。并非所有参加国家资格考试的考生都能合格，很遗憾有人落第。每年通过国家医生资格考试的人占考生的八九成。不合格者中有的人是考了几次都不合格，也就是说有人虽然读了医学系，却也当不成医生。

对于没能考上大学医学系的人来说，没考上当然是遗憾的，但也有人是"尽管考上了医学系，却也没能当上医生的"，这也是挫折之一。

接下来，有的人从医学系毕业后，当上了研修医生，但在研修过程中，却发现自己不适合当医生，这是很可怜的，"脑子好成绩好，所以进了医学系，但后来才知道自己不适合当医生"。

对于医生来说，比起物理、数学和英语等科目，更重要的是"人际关系学"，因为医生必须以人为对象，如果是"喜欢学习，但是不喜欢与人打交道"，那就十分悲惨了。在考医学系时成绩优异、春风得意的人之中，有的人是不喜欢与人打交道的，挫折在这个阶段也会出现。

人人都羡慕的道路并不一定就好。

第二章　关于挫折和勇气

◆ 当上医生之后的挫折

当正式成为一名医生而开始工作之后，如果是希望留在大学附属医院的人，也不一定全都如愿。

比如当了开业医生，有人很顺利获得高收入，也有人因欠债未偿还而倍感苦恼。当负债累累的医生给病人看病时，可能就有人明知不可以却对病人说"你的病很严重"，并多给病人开药，或者故意延长住院天数。当然，在这个过程中他们也会受到良心的谴责。

而那些能留在大学医疗机关里的人，也会遭遇各种各样的事情。看上去，能够如愿留在大学里是幸运的，反之则不幸，但其实在那之后的路途上也有很多分歧点。

大学的医疗机关是个上下关系很严格的"封建社会"，有很多人对这种"封建制度"感到不堪重负。基本上学业优异的人，都不太善于处理人际关系，甚至可以说很多人在处理人际关系上是很笨拙的，这样的人在"封建性"的封闭体制中，痛苦得简直要窒息。当然，这里有按照能力和实情升迁或降级的人，但也有因为不会讨好教授被降级、调离的人。

在大学医疗机关里，有人因为说了真话而被降级、调离。当医疗事故发生时，即使每个人都被要求守口如瓶，不得泄露，但总有正直的人会说出去，因为太诚实，从良心出发，只好对死亡者家属说了真话："本来可以救活的，但因为手术失误……"

由于手术失误被公之于世，警察来调查，而在医院内部人们议论道："是某某泄漏出去的"，于是这个某某就被降级或调离。即使做了正确的事，也会因为在俗世得不到认可而经受一时的挫折。

还有人考进国立大学并留校成了优秀的教授，但其中也有因为"接受了制药公司的贿赂"而失足的人。

这是因为许多医生虽然优秀，却不懂法律而导致了悲剧，这样的教授自己在没搞清楚怎样做算是贿赂的情况下接受了别人的金钱等礼物。此外，还有人因为擅用了医学系的资金而造成失败。

即使圆满完成医生工作，当上了教授，也有很多令人后悔不已的例子。

在大学的医学系里，有一位宣扬"人的心灵活动出自于脑，脑子就是全部"的"唯脑论"者，当上了名誉教授，成为很有名的解剖学者。但这个教授所教出来的学生中,有一个人信奉了邪教,引发了很大的社会问题,这也算是这位教授的挫折。

当自己所教的学生中出了这样的人,作为教授,就会为"他为什么入了邪教"而不解、烦恼。

就是这样,从一般人来看是精英的医生们,也要经历各种各样的挫折,并深深陷入苦恼之中。所以对我们来说,人人羡慕的职业并不一定就是好的职业。要知道只有适合我们自己的,才会真正成就我们。

人生充满了风浪,只要有向上的追求,就要准备好迎接挫折。

第二章　关于挫折和勇气

做一个成功对抗挫折的人

☕ 失败总是不可避免

> 挫折本身无法逃避，但如何接受与应对挫折，却因人而异。

现在，日本有1.3亿人，全世界有60多亿人口，人们都在描画着自己的成功之路。可是，这么多人活着，自然会在各种场合发生竞争。有可能自己想要的被别人抢去了，于是互相争斗，两败俱伤，总之，不能事事如人愿，这是很正常的事情。

比如说，考学的竞争率超过了两倍，就说明考不上的人占多数。又比如说找工作和晋升，想要同样机会的人越多，竞争就残酷，成功的可能性就越小。

想当医生却没当上，想当老板，也难上加难。进入一个大公司，绝大多数的人都当不上老板，那么自己开个公司当老板呢，又很可能立即面临倒闭。

"人无远虑，必有近忧"，这句大家耳熟能详的名言，出自《论语·卫灵公》。

孔子的意思是：一个人如果做事情鼠目寸光，不是深谋远虑，那么他一定会遇到很多困扰。这个道理很多人都理解，但是我们真的要去决定一件事情的时候，经常会犯目光短浅的错误。

人生的每一步都是一个选择题，每一个选项通向的是不同的道路，当挫折来临的时候，如果不能对抗，就有可能陷入歧途，因此，面对人生这条路，不可只为了眼前的成功而过分执著。需要有大眼光、大智慧，看得长远，自然会一生顺遂，有所成就。

就是这样，世上事难如人愿，人生充满了挫折，无论是谁，只要有向上的要求，就要准备好迎接挫折。

不过，即使挫折本身无法逃避，但如何接受与应对挫折，却因人而异，在应对挫折的力量方面，也可以显现一种实力的差别。

第二章　关于挫折和勇气

☕ 应对挫折的能力和水平因人而异

应对力 1　下下级

自暴自弃

首先，有人在遭遇挫折时，破罐破摔，自暴自弃，家里家外地闹，并对社会充满怨恨。这种就是下下级。

应对力 2　下上级

强忍悲伤

有人在遭受挫折，感到悲苦之时，压抑悲哀，忍耐苦难地活下去。"为挫折而痛苦，但忍耐着活下去"的人，是下上级。

应对力 3　中下级

无法忍受再三的受挫

再上一级，有人能忍受一次挫折，能以平常心告诉自己："还有机会，虽然很失败，但还能坚持下去"，但当挫折接二连三来临，就可能自暴自弃。

"能承受一次失败,但接二连三受挫,就破罐破摔,怨恨社会和他人"的人,属中下级。

应对力4　中上级

试图超越挫折

受挫多次,处境悲苦,但认为"我能超越,要打开新的道路,哪怕是前进一点点"的人,咬紧牙关继续努力,这样的人属于中上级。

应对力5　上下级

从挫折中感悟出自己真正适合的

接下来让我们看看,在应对挫折的能力方面,能称为上下级的是怎样的人呢?他们是能够从更广阔的视点来审视自己的人。

他们能从挫折中隐约想到"我的人生之路是否有什么错误,应该是在我所未曾察觉的道路上"。

于是他们转变人生的方向,找到真正适合自己的道路去发展。

应对力6　上上级

从挫折中找到幸福的种子

更上一层楼的人，能够一面从失败中感受到自己的不足，一面努力从挫折中寻找幸福的种子。

☕ 转败为胜,把握幸福的种子

> 能获得幸福的种子的人,从一开始的态度就是不一样的。

前面讲了要"从挫折中寻找幸福的种子",其实它的意思就是"失败乃成功之母"。

如果一路成功,就有可能不知为何能成功,但如果失败了,就有一件事情是确实能悟到的,那就是:"这样不行"。因此,从失败中总结出经验教训,并获得下次成功的种子才是最重要的。

自己不从失败中找教训,而只是怨天尤人,这是不行的,人从失败中学习是很重要的。在过往成功的路途中,不会有新的成功,如果要挑战、创新,就要适应新环境,对过去的自我进行整体的批判,并创造新我,否则就不可能像过去那样出成果。

当自己经受挫折和失败时,必须从中寻找出下一次成功的幸福种子,必须寻找新的自己。要看到"因为这个挫折,所以自己有了变化,有了进步",解读之后,要应用到实践中,发挥并发展自己本身的素质

第二章　关于挫折和勇气

和能力。

　　从前，有一个相扑运动员，他说："当自己被摔倒在赛场上时，就深切地体味身上泥土的味道，凝视赛场上自己摔下去后的残痕，只有这样的人，才有可能当上横纲和大关①。"

　　不将一切交托给"运气好或运气坏"，而是隐忍于自身的失败，彻底思考"为何失败，应该如何做"。能获得幸福的种子的人，从一开始的态度就是不一样的，这种人，输了以后会凝视自己被击败的痕迹，并考虑下一步。

---

　　①横纲和大关：横纲是相扑力士资格的最高级别，大关是仅次于横纲的相扑级别。大关头衔的选手要连续两个赛程都取得优胜，才可获得这一最高头衔。同时期在役的横纲的人数通常不会超过四个。成为横纲的力士，在日本人心目中的地位就如同神一般崇高，除特别情况外，其永久性的地位不会发生改变，成绩下滑也不会被降级，但若成绩持续下滑会被强迫引退。选手宣布引退后，横纲头衔会被取消，但享有终身俸禄。——译者注

经历过苦难的人生,反而能拥有另一种广阔的视野。

第二章　关于挫折和勇气

超越挫折的最好办法

☕ 一以贯之地完成自己的人生

> 每一个人在他的生命之中，总会失去一些东西，但是那个始终伴随你的，就是你的自性。

我有过各种经验，走过各种与自己所描绘的人生轨迹不同的路。但那时候的经验都以各种形态成为力量，使我感到"人生因未知前途如何而变得美好"。

重要的是，"虽然拼命努力了，但要从摆在面前的成功或失败中读取天意，认真读取'天的意志究竟在哪里'"。

用自己的心思，毕竟不能够了解一切，人依靠自我毕竟是难以看到全貌的。人需要有这样一种能力，通过成功和失败，谦虚地了解"这里面究竟有什么天意,上天要教给我什么"。

而最后要这样想:"我最高的生存方式,乃是最能使自己发光发热的生存方式。与别人交换位置,我也不会因此幸福。我需要适合于自己的立场、职业、活法,最能使自己发光发热的生存方式才是最高的生存方式。因天意而使自己最大限度地发光发热,靠自己的才能和努力使自己最大限度地发光发热的道路是最好的。"

人不能用别人的价值观和标准来改变自己。人有时候不得不听别人的话,但有时候,无论周围人怎么说,都不能听取。"一以贯之"、一走到底的活法是很重要的。

第二章　关于挫折和勇气

☕ 改变心态，找到人生的转机

> 这个青年事业家想到了改变自己的心态，这也许正是他人生的一个转机。

关于与不幸抗争的方法，我在学生时代曾读过一篇令人印象深刻的文章，是《次郎物语》的作者下村湖人所写的《与不幸相处之道》，里面有这样的记述：

一个年纪轻轻就经营着苹果园并获得了成功的青年，与下村湖人有一段问答。

下村湖人问："开始经营苹果园之后，最难过的事情是什么？"

青年答道："第一年，果园受到台风袭击，费心培育的苹果被风雨毫不留情地吹落到地上，目睹那情景，简直要疯了。"

"但是，后来我改变了自己的思维，那以后再遭遇台风，也不感到悲伤了。"

"为什么呢？"下村湖人问。

"台风是自然现象，一定要认识到它每年都会来。事实上，无论多么强的台风，也总有苹果不被吹掉。我就是这样改变了思考方法。"

也就是说，还是心态的问题。没有人能为了保护自己种的苹果而止住台风，这个青年想到了改变自己的心态，这也许正是他人生的一个转机。

有人把世界上的人分为两种：成功的人和失败的人。这两种人在本质上并没有什么区别，只是他们在日常生活中所拥有的心态不同，准确地说，是自己控制心态的能力有所不同。

成功者在人生道路上并非总是一帆风顺，他们的能力也未必多么超群，只是因为这种人善于控制自己的心态，能在不好的事情中发现好的那面，并时刻保持一种良好的心理状态。

第二章　关于挫折和勇气

☕ 只有改变思维才能超越挫折

> 世上有很多这样的人,"想取得让谁都羡慕不已的成功",这基本上是不可能的。

拥有这个苹果园经营者那样心态的人,即使地狱里的恶魔们都来袭击,也无法让他倒下。若是做同样的工作,有人就会带着各种不满,寻找各种没能做成的理由。

"因为台风,好几个月的辛苦都泡汤了","政府不给我们发补助金,是政府不好","父母不好,因为父母是农民","这种时候刮台风实在不好",等等,人们可以找到无数解释自己不幸的理由。

可是,若在这里倒下是不行的,我们要考虑"应该怎样妥善处理",能这样想的人,才有可能取得大的成功。许多平庸者、失败者的悲哀,常常在于面对困境时缺乏足够的智慧和勇气,跳不出习惯性的误导,总是自觉不自觉地在一条路上前行。这些人一想到改变,同时就会想到一系列可能出现的困难,甚至很棘手的困难。于是,他们就在老路上离成功越来越远了。

其实,问题是打破习惯观念的最好武器,它的无情和冷漠,逼迫着你不得不改变,不得不去找方法

世上有很多这样的人,"想取得让谁都羡慕不已的成功",这基本上是不可能的。

在每个人的人生中,都会有无数挫折和失败,但这种时候,"出自同样处境,有的人拥有菩萨般的心境,有的人却拥有地狱恶魔般的心情",这一点千万不要忘记。

无论经受怎样的失败和挫折,都要作出自己能做的努力,打开新的道路。如果不能改变环境,就改变思维,改变心态,去超越挫折。

希望大家以此为训,培养出应对挫折的忍耐力。

第二章　关于挫折和勇气

☕ 赠给你的话

怀着勇气　打破硬茧

人，脑子稍稍聪明点，
就优柔寡断，
就拘泥小节，
就封闭了自我，
并有板有眼地说出"我不行"的理由。

可是，
即使练就这样的本领，
对世界却毫无用处。
要创新，

超越挫折的最好办法

要发展,
不找做不到的理由,
而应该考虑,
"如何才能做得到?"

怀着勇气,打破硬茧,
并付诸行动。
不谈做不到的理由,
而是自问如何能做到。
要做这样的你!

人不能用别人的价值观和标准
来改变自己。

Chapter III

第三章
以信仰为目标去生活

完满充实地度过人生的准备时期

☕ 把握与每个年龄相适应的悟境

> 在工作中实现自我的同时,在家庭中也能作为一个社会人承担起自己的义务。

本章讲述"信仰为目标"这个题目。

这个主题看起来好像是难了一些。这个主题主要是以15至25岁的人为对象,对于这个年龄段的人来说,这里不仅即将讲述一种重要的心态,而且也将给予一个改变你想法的契机。

虽然难以想象人会在这个年龄段得到最后的大悟,但是至少存在着和这个年龄段相应的悟境。

比如说,释迦在16岁左右结婚,29岁出家,这期间大致也是我们所说的这个时期。也许释迦在这个时

第三章　以信仰为目标去生活

期一直生活在烦恼、痛苦和忧郁之中，而解决如此的烦恼和痛苦在那个时代也许是不可能的。

我想，这一年龄段的人大都如此吧？

对于这个年龄段的人们来说，最重要的事情，第一就是"锻炼头脑，锻炼思索"；第二是"锻炼身体，锻炼体力"；第三和第一点、第二点相关联，就是"锻炼精神力量"。

这个年龄段，是"一面锻炼头脑、体力和精神力量，一面掌握成人的工作能力，进行自我开发"的重要时期。

这一时期，不仅要为走向社会去工作而开发自己的能力。同时，这个时期多是建立家庭之前的阶段，因此必须具有如此的实力："在工作中实现自我的同时，在家庭中也能作为一个社会人承担起自己的义务。"

你可以把这个年龄段看做非常非常重要的人生的准备时期。

☕ 善于学习和头脑聪明并不是一回事

> 复习考试成为一种头脑训练,由此而练就的力量,以另一种形态变成了工作能力。

"善于学习"和"脑子聪明"未必是一回事,但是一旦善于学习了,世上的人们就觉得这个人脑子聪明。学校里的老师也是如此。如果人们认为你"脑子不好",你也就没有立足之地了,因此,为了不让人家说自己"脑子不好",需要不断地努力和奋发。

从这个意义上讲,对智力训练的投资是非常重要的。

请你相信:"头脑也是越练越强的。"

对于脑子的好与坏,多大程度是先天的,多大程度是后天的,是很难说的。一般都是从结果上来判断:结果要是好,就被说成"脑子聪明";结果不好,就被说成"脑子不好",因此,很难说清楚。

这个说法可能和一般性的结论有些不同,就我自己来说,我觉得天生的部分大约有三分,我感谢给我如此强大的"消化力"头脑的父母,而剩下的七分,

第三章　以信仰为目标去生活

是后天自己锻炼的结果。头脑不锻炼就不能强壮，锻炼了就会强壮，我对于这一点深有感触。

上学期间复习考试时掌握的知识，过了30年以后，几乎全都忘了，没有留在脑子里，但是我感到："复习考试成为一种头脑训练，由此而练就的力量，以另一种形态变成了工作能力，直到现在仍然健在。"

我们通常有这样的体会，在初中、高中、大学学到的学问，走上社会以后，不能直接派上用场的很多。但是从"奠定人生的基础，锻炼头脑"这个意义上来看，它们却是非常重要的。

当你明白了这个道理，也许就很容易找到让自己变得聪明的方法了吧。

☕ 在数学和英语的学习中培养自己的专注力

> 数学和英语在"锻炼头脑"这个意义上具有非常重要的作用。

在学校的学习中产生不适应感觉的人,大多是数学或是英语上存在着问题。比如说跟不上,讨厌上课,觉得:"学这个东西到底有什么用处啊?我以后既不当翻译也不当数学家。""一点儿都没意思。"……这样的想法,都是常见的现象。而对于数学和英语以外的学科,好像很少听见人们说"讨厌这个学科,不想学了"。所以,问题几乎都出在这两个科目上。

如果生为日本人,在社会生活中数学和英语的能力并不是不可或缺,没有这样的能力也能作为一个成人生活下去。

因此,如果想要扬眉吐气地"找到好工作",那么就有必要学习数学和英语;如果只想"作为一

第三章 以信仰为目标去生活

个成人生活下去",不那么认真学习数学和英语也能过得去。

作家之中也有人说:"没有必要会解二次方程式",这样的说法或许也对,对于某些人来说,成人以后,可能二次方程式完全派不上用场,因此有人会这样说。

但是,数学和英语在"锻炼头脑"这个意义上具有非常重要的作用。

我不说"英语和数学",而是说"数学和英语",为什么呢?这是因为读我的书,并学习佛法真理的年轻人,多有喜欢读书的倾向,虽在读书上很热心,但是多对数学有距离感,多少有点讨厌数学的倾向。

对于这样的人,如果不向他提示数学的重要性,他很有可能就跟不上学校里的学习了,不告诉他"数学是很重要的",他很有可能以读书为理由,怠慢了学校里的学习。

我的孩子们也是这样,虽然一有时间就读书,可一让他们学习数学和英语,就看到他们显出很不耐烦的样子。过了一会儿再看,他们在走廊里像二宫金次郎①似的边走边读书,但是这是为了娱乐而读的。就是你对他们说:"学学数学吧,学学英语吧",他们也会使你感到:不在一定程度上培养起专注的习惯,是不太容易认真学习数学和英语的。

因此,如果不常常提示数学和英语的重要性,读者诸君可能就对数学和英语"偷工减料"了,所以现在在这里说说。

---

①二宫金次郎(1787年—1856年):生于小田原市富裕的农家,但由于河水泛滥家道中落,他不得不被寄养在叔叔家里。他在油灯下读书,受到叔叔的斥责,说他浪费灯油。于是他就在园子里种油菜,用油菜籽换灯油读书,可是仍然遭到叔叔的斥责,说农民的孩子用不着读书。但是他坚持学习,后来使家道复兴。日本的小学里常有二宫金次郎背着柴禾一边走一边读书的塑像。——译者注

数学和英语在"锻炼头脑"方面具有非常重要的作用。

第三章　以信仰为目标去生活

☕ 用正确的方式做事是一种重要的能力

> 训练出缜密而正确的作业方式，对于将来的工作是有很大意义的。

生活中，我觉得不擅长数学和英语的人特别多，十几岁的人中为此烦恼的人也很多。我想对大家说："学习数学和英语在锻炼自己这个意义上来说是很重要的，在将来的工作中也是非常重要的。"

当然，在工作中还需要其他的智力活动，但在学龄期，训练出缜密而正确的作业方式，对于将来的工作是有很大意义的。

如在文书业务中，出错多的人会给别人添麻烦，让这个人去工作，然后还必须让其他人去核对，这就等于用了两倍的人手。

因此，"正确处理事物"这一能力的训练是很重要的。

《庄子·内篇·齐物论》中有："终身役役而不见其成功，苶然疲役而不知其所归，可不哀邪!人谓之不死，奚益？其形化，其心与之然，可不谓大哀乎？"这句话揭开了人生的内幕，人一辈子都忙忙碌碌做什么呢？做自己身体的奴隶，做物质的奴隶，做别人的奴隶，为儿女、亲人、工作，终身都在服役，最后却是一无所成地离去。一生看不到成果，生命便结束了。

为生命所奴役，一辈子都处于疲惫不堪的状态，找不到自己的归宿，怎能不感到悲哀？

今后在工作中能听得懂别人说话的能力和在学校里认真听课、正确地听懂老师话的能力是相关的，同时各种发言的能力也同样重要，所以对学校里所进行的这些活动都不可以轻视。

第三章　以信仰为目标去生活

☕ 没有普遍的法则，只要入乡随俗

> 规则和法律一样，是为了让"全体成员将此作为一个标准，步调一致，共同前进"。

学校里有校规等，也有许多奇怪的规则，特别是有很多从正义的原则来看很难分辨正确与否的规则。

为什么要有规则呢？规则和法律一样，是为了让"全体成员将此作为一个标准，步调一致，共同前进"。

经常有这样的事，"某种事情在这个学校就允许，在其他学校就不允许"。在某个学校"头发染成茶色和金色都可以，染成绿的和蓝的也没关系"，但是另一所学校却"绝对不许染头发"。某个学校里是"可以留长发"，而另一所学校就"必须是短发，如果不剪，也必须扎起来"。在某个学校可以穿自己的衣裳，而另一所学校只许穿校服。在某个学校可以把衬衫的下摆放在裤子外面，而另一所学校只许把衬衫的下摆扎在裤子里面。

这里并没有什么普遍的法则，但是学校制定了一定的方针，就是要学生去遵守。而一旦自己进了这所学校，就要"入乡随俗"，接受校规，接受训练，认真地和其他同学保持一致。

校规是学校为了使老师们不至于为个别事情伤脑筋，顺利地完成教学，使学生们相互没有异己和不愉快的感觉而制定的，在学校看来这些是有必要的。这可能不是人类普遍的原理，但是在一定的规则下，你应该尽量遵守这些规则。

当然，在以后工作的时候，根据公司的不同，规则也完全不同，无论到什么地方去，在某种程度上都要"入乡随俗"，这种程度的"变换自如"是应该具备的。

如果不这样做，要把一盘散沙似的人群归拢到一起是非常困难的。如果只考虑自己的事情，就会认为自由随便也没有什么，但是从整体着眼，每个人不按规则行动就会导致混乱，这个组织就难以扩大。

在上学这个时期，可能并不理解这一点，但要知道这是成为成人的准备和训练。因此，我们要首先进入到学校制定的校规与规则之中，然后在这个基础上发挥我们自由的个性，这就需要我们的自由掌控了。

善于建立程序,就能事半功倍。

数学锻炼逻辑思考能力

☕ 数学的水平能测量文明的进化度

> 数学是测量基础文明水平的尺度,根据其数学到达了何种水平,就能测出其文明的进化度。

数学的学习方法,可能会和部分人今后的职业直接联系在一起,对于这些人来说,数学是十分重要的。但是可能有八九成的人在初中、高中乃至大学学到的数学知识,并不能在自己的职业中直接运用。

可是一般来讲,宇宙的许多星球中可能存在着其他的文明,也可以认为有像人类一样的生物住在那里,而用什么去测量这些文明的水平呢?正是数学。根据其数学到达了何种水平,就可以大致明白其文明到达了何种程度,文明是被数学所设定的。

第三章　以信仰为目标去生活

其他的星球上究竟使用什么样的语言，又有怎样丰富多采的文化，不得而知，但是同为宇宙人，在数学的领域中，也应该掌握了与地球上的数学相似的原理，尽管在形式上可能不同。比如说，他们"和21世纪的地球人相比，是进步了几百年，还是落后了"，只要看一看他们的数学，就会明白。**数学的水平左右着科学技术的水平。**

在初、高中生和大学生中有许多不擅长数学的人，我觉得让他们明白这一点是有好处的，就是："数学是测量基础文明水平的尺度，根据其数学到达了何种水平，就能测出其文明的进化度。"

因此，不能疏远数学。如果数学消灭了，人类会走向退化，可以说，这是能够预测到的。

只研究数学的纯粹的数学研究者们，一到社会上，往往是除了数学什么也不能干，但是你必须知道："他们的工作是值得尊重的，他们在文明的最前端开辟着道路。"

数学的能力也和职业成功相关

> 如果要在20岁之前锻炼理性思维，数学教育就会变得非常重要。

即使不像专门的研究者那样使用数学，数学在训练头脑的过程中也是十分重要的，并在锻炼理性思维的过程中发挥了一定的作用。

人是有理性的，如果任凭一个人像婴儿时期那样放任成长，不加教育，理性是不会发达的。在某种程度上来说，理性是不经训练就不会发达的。所谓理性是有条理地、合理地思考的能力，因而必须通过训练才能得到。

从这个意义上来说，如果要在20岁之前锻炼理性思维，**数学教育**就变得非常重要，而且也是一条最直接的道路。

有人作过"在学生时代数学擅长与否"与走上社会工作后的收入关系的调查，得出的结论是：**"擅长数学的人收入多"**。由此可见，数学与职业的成功是相关联的。

第三章　以信仰为目标去生活

有人还作过这样一个调查：将"在私立大学文科系入学考试的自选考试科目中选择数学和不选数学的人"分成两组，并对他们毕业后的职业情况进行跟踪调查，结果选择数学的人平均收入高于不选数学的人，两者之间一年的工资有50万日元①以上的差距。

在这里面也许有以数学为职业的人，但不都是这样的人。正确性、解决问题的速度、逻辑思维的能力、有条理的思维方法、提出假说并加以解析、证明的能力，这些能力都会在现实社会中发挥相当大的作用。

虽然人们职业不同，工作的内容也不同，但是学校把逻辑思维的教育作为一种基础教育，是非常重要的。

---

①相当于人民币37800元。——译者注

☕ 解决了难题的瞬间就像顿悟

> 数学的本质是情绪,或曰情操。

现在的时代对于十几岁的孩子来说,使人高兴的玩法要多少有多少,人们总会觉得:"就那么几行的数学题,拖拖拉拉地要解上一个小时,真是无聊极了,哪能做得下去?"

但是,我在年轻的时候,读过名叫冈洁的数学家所写的很多书。他说:"数学的本质是情绪,或曰情操。"对于这种说法,我感同身受,深有共鸣。他把数学的证明与一种开悟同样对待。

因为他是数学家,对于他所处理的数学题目本身我并不十分明白,但是他在书中这样写道:"连续地思考难题,结论突然在某个时刻像火花一样闪烁出来,问题迎刃而解。"这一瞬间就好像醍醐灌顶、茅塞顿开,一种柳暗花明的情绪充溢自己的大脑,愉悦而美好。

当时冈洁是这样描述那时的情景的:"我一边不停地思考着难题,一边在九州岛原的云仙岳搭车,车

第三章 以信仰为目标去生活

穿过隧道,来到海边,在视野豁然开朗的瞬间,这个难题就解开了。""应中谷宇吉郎先生的邀请,我曾在北海道度过一个夏天。北海道大学理学系的待客室里有很好的沙发,我总在那个沙发上睡觉,因此被很有名气的英国文学学者、数学家吉田洋一的夫人吉田胜江起了个'嗜睡性脑炎'的外号。

"在我考虑回去的9月的一天,中谷先生请我在他家里吃早饭。吃完早饭之后,我在旁边的客厅里坐了约有两个半小时,就是这个时候,我的思考方向越来越明晰,甚至构思了'多变数解析函数论'的第五篇论文。"(见冈洁《春宵十话》,每日新闻社出版;《冈洁集第一卷》,学研社出版;《情绪教育》,灯影舍出版;《日本的心》,讲谈社文库所收。)

读了他写的这些东西,使我感到:"真像顿悟似的。"

在数学家中有人反对冈洁的想法。有许多人怒气冲冲地说:"数学才不是这样的东西呢!什么情绪啦,开悟啦,请你不要使用这些文科用语。"

但是对于我来说,最后和开悟相联系这一点使我高兴。

我在年轻的时候读了这些书，这以后我并没有职业性地使用过数学，但是我与他抱有同感。即使在工作中用不上，也要留意读一些数学家、物理学家和医生所写的东西。他们思考问题的步骤和立意与文科的人有不同的一面，具有很好的参考价值。

第三章 以信仰为目标去生活

外语给予我们更多的视点

用自己的语言成就学问

> 对于英语不是母语的人来说,在用母语难以确立学问与工作的时候,就会擅长英语。

英语可能会比数学更有实用性,确实,会英语,就职比较容易。

但是可能有很多人觉得"英语很难,难以学以致用",也有很多人抱有"日本人不擅长英语"的自卑感,甚至几乎所有的人都抱有如此的自卑感。

可是,日本人不擅长英语的理由是什么呢?日本是用自己国家的语言成就学问的先进大国,这是没有疑问的。

在日本,只有日语似乎就足够了。用日语能搞学问，能工作，几乎是自成一统的。但是从历史上看，并不是一直如此。在明治时代，新的学问是西洋的东西，当时还没有翻译过来，要想学习，就必须读横排版的外文图书，从西洋招聘来日的老师登上教坛，学生必须听用英语等外语教授的课程。

而一个时代过去后，优秀的人才陆续从西洋留学回来，翻译书籍，并可以用日语讲关于西洋的讲义。就这样，日语几乎能够应付一切了。正是因为在日本不怎么用英语也没有关系，所以日本人的英语能力也就落后了，这也可以说是一方面的原因，并不是因为日本人原本语言学习的能力就很差。

实际上，用母语难以充分受教育的发展中国家的人，英语反倒很好。非洲和印度的人们如果留学，英语就会非常好。

听说最近在美国留学的留学生中，由于成绩优异而得奖的人几乎都是亚洲人，但是他们如果也像日本国内的人们那样，只用母语就能应付一切，也很难取得优异成绩吧？

"用母语难以学到充分的知识，不用英语就难以学习"这样的人对英语的需求度高，学习起来热情也高，因此熟练地掌握英语，留学后很多人成绩优异。

学习中,尤其需要意志力来发挥作用。

因为有上述的原因，所以请不要认为"日本人没有英语才能"，这是因为"使用日语几乎就足够应付一切了，不会英语也能活下去，因此就不擅长英语了"。

对于英语不是母语的人来说，在用母语难以确立学问与工作的时候，就会擅长英语。如此看来，放弃还为时过早，可以认为日本人经过努力，也可以把英语学得很好。

第三章　以信仰为目标去生活

☕ 在外语中尝试另一种人生

> "开放"使我们始终保持高昂的姿态，以自尊、自强、自立的方式解放自己，继而超越世界。

"掌握母语以外的语言"，使人拥有两次生存的意义。因为，"通晓另一种语言"，意味着学习使用这种语言的人们的人生观和文化，即使不经过轮回转生，也可以在活着的期间，进行另外一种人生的研究。学习另一种语言，可以知道我们思维方式、思考方法和文化背景的不同。由此而获得的认识能力、发现问题的能力是很有用的。

在学习了其他的语言和外国的种种事情以后，对于那些只用母语思考问题时认为"理所当然，必须这样做"的事情，就多少会产生一些不同的感觉和新的视点。

从异质文化看问题的视点，使你能发现自身不同的一面,并能够发现自己所属的社会和公司的问题和另外的一面。

如果没有这样的异质的视点,只活在自己的文化之中,那么在一些场合你就不会明白"这是不合理的","这是落后的"。其实从某种程度上来说,学习其他语言就是一种社会的开放。

而"开放"是我们时代最重要的关键词之一,一个民族由封建保守走向开放革新,一个社会从单一落后变得自由多元,一个国度由一穷二白到跻身于世界大国之列,更多的人留学海外,只为接触更广阔的科技文化。"开放"使我们始终保持高昂的姿态,以自尊、自强、自立的方式解放自己,继而超越世界。

开放的人生来源于开放的思想,开放的思想来源于开放的眼界,开放的眼界来源于开放的行动,开放的行动来源于开放的知识。我们生活在一个不断开放的国度里,我们不能钻在自己的小盒子里,而是要以**开放的胸襟,用开放的思维,用开放的勇气,用开放的行动,一起创造一个不断开放、不断进步的人生。**

第三章　以信仰为目标去生活

☕ 熟练掌握外语是人生的力量

> 熟练地掌握了英语，人生的密度就差不多增加了一倍。

现在是全球化的时代，因此，熟练地掌握外语是有益的。

熟练掌握好几门外语当然是再好不过的了，但是能有如此能力的人极少，只掌握英语就足够了。因为有许多地区和国家使用英语，用英语读不到的文献也几乎没有，熟练地掌握了英语，人生的密度就差不多增加了一倍。

对英语不要说一些愤愤不平的话，通过努力熟练地掌握它是必要的。刚开始学英语的人，可能会觉得很无聊。因为到了初中或高中，一般都能用母语阅读那些比较高深的知识了，却不得不学基础水平的英语，细微低级的语法问题不断地被指出来，被人家纠正，有的人会为此很气恼，觉得"学不会"，"没有成就感"，因此讨厌英语。

但是如果"用一年的时间，钻研英语语法，认认真真地纠正错误,争取掌握英语",这种努力中既包括接近异质文化的意义,同时也与数学一样,具有训练头脑的重要意义,对于训练出缜密和"基于一定规则进行作业"的头脑十分有用,因此学而不厌地进行钻研是很重要的。学习英语和数学这样在日常生活中未必不可缺少的东西,在训练和刺激头脑这个意义上是起作用的。

我们讲过了"日本人因为使用日语就几乎能应付一切,因此就不擅长英语",与此同理,因为美国人到哪个国家几乎都能说英语,因此他们非常不擅长外语。在美国,精通外语的人是很少的。像日本人不擅长英语一样,美国人也是不擅长外语的。

可是通过努力精通外语,**人生的密度就会加大**,同时也可以认识自身。从"了解他人、了解社会"这个意义上说,其经验是宝贵的,也可以增加机会。学会外语,到海外就可以大显身手,工作的幅度得到扩展,因此,外语作为人生的力量是很重要的。

如果"从全学科的总成绩来看,怎么说也够不上优等生",那你可以"把精力集中在英语上",只英语一科好,也可以以此为新的武器,为人生而战。

第三章　以信仰为目标去生活

☕ 英语使用具有自己的严格性

> 为了在社会中能发挥作用，在年轻时严格地锻炼自己是重要的，要知道半瓶子醋是无法通行的。

关于英语，人们总是觉得"会不会是由脑子聪明与否决定的"。

确实，按一定的年龄来划分，可以发现英语实力的差距。就是在整个生涯中都在学习英语的人，其程度和差别也是各种各样的。整个生涯中的学习就像马拉松一样，并不是"第一的团队一直到最后也是第一"，有途中掉队的，也有从后面赶上来的，如此种种，前后的顺序是千变万化的。

我以前在商业公司工作时遇到过使我很受冲击的事，那就是即使是来自入学考试分数线不高的大学的毕业生，他们在工作中也会把英语说得很好。

我曾抱有"我是从录取分数线相当高的大学毕业的"这种想法，但在现实社会的商业公司中从事使用英语的工作，有许多人却超过了我，"他们竟有这么高的水平!"他们的精通程度令我吃惊。

因为喜欢而学习的人,也能为自己创造出力量。大家可能只是以为:"考试时候的英语成绩好坏是由脑子的好坏决定的",但是一旦用英语来工作,就会觉得捉襟见肘,我开始在商业公司里用英语工作时,感到还有许多我不太懂的单词和事情,不由得受到了一些冲击。

我在商业公司的时候曾去美国工作,工作时使用的几乎都是英语,尽管还年轻,但是被吩咐去做修改美国人所写的英文的工作,这个工作是非常艰难的。

在外国有关汇率的工作中,有叫做"LC (Letter Credit)"的信用证,我所做的工作就是核对那些基于信用证做成的文书。LC是和银行相关的信用证,是决定贸易交涉内容的。

因此,我必须一字一句地全部核对所做的文书是否符合信用证,是否有错。如果有一个字错了,就是"不一致",简单地说就是"discre",会以"文书不完整"为由拒绝付款。

因此,我每天把眼睛瞪得像牛眼睛那么大,精神高度集中地核对美国人写的文章单词有没有错误、拼写有没有错误、内容的记载是否有遗漏。

第三章　以信仰为目标去生活

就这样，不知读了多少万张贸易关系的英语文书，并且还要用打字机打英文贸易文书。那时，我深切感到学生时代掌握的那点英语远远不够用，那时我的处境就像"从船里被扔了出来，只好练游泳"的人一样，有一种穷途末路的感觉，在紧张不安中，我度过了非常艰难的时期。

因此，现实社会之墙是厚厚的、坚固的，不能掉以轻心。为了在社会中能发挥作用，在年轻时严格地锻炼自己是重要的，要知道半瓶子醋是无法通行的。

用异质文化的视点看日本

 用异质文化的视点看日本

> 通过使用英语从事工作,我得到了"用海外的眼睛,用异质文化的眼睛来看日本"这样的视点。

在日本和美国,对人的评价是相反的。

通过使用英语从事工作,我得到了"用海外的眼睛,用异质文化的眼睛来看日本"这样的视点,这是很重大的事情。

我在某种意义上说是一个自信的人,我曾有一种有点儿怪的自信,就是"我很年轻,可能在日本没有得到大家的认可,但是在世界上我是别人认可的人"。

在美国,个性强的人多,没有个性的人会被看做无能。

第三章　以信仰为目标去生活

而在日本社会，经常要接受尽量无个性、尽量不显山露水的训练，学校是这样的，来到社会上，一开始也多少有这样的因素，可能和无个性不太一样，但是要接受符合公司方针的教育。

如果这里存在不能很好地融入群体、格格不入的人，就会被周围的人肆无忌惮地敲打，让人觉得这是否定人格，令人难受。人们似乎在对你说："进到这个范围内是不行的。""你的个性是错误的。"

这也使我想到："我这样头上长角身上长刺使人受不了，难道我真的是如此的具有异常人格的人吗？"而一到美国，那里的人们好像十分理解我这种类型的人，对我的评价也高。

相反，在日本，社会评价高的人到底是什么样子呢？是那些沉默寡言，压低声音说话，"只有你跟他说话他才回答的人"。这样的人因为没有傲气，在日本社会中评价陡然上升。

遇事马上说"我是这样想的"的人，马上就会受到敲打："轮到你说话早了十年，你给我闭嘴！"

可是在美国人看来，这样的人使人"很清楚他在想什么"，并因此受到高度评价。美国人和日本人的评价完全掉了个个儿。

通过努力精通外语,人生的密度会加大,同时也可以认识自身。

第三章 以信仰为目标去生活

☕ 具有明确个人主义的美国

> 他们通常这样想:"干工作时必须服从命令,承担起自己的职责,但是属于个人领域的东西,无论是上司、部下还是同事,却另当别论。在个人关系的领域都是平等的,因为年轻就受别人支使是错误的。"

我在美国的时候,在公司里干各种各样的杂务,但是有一次我因处理这些杂务去银行时,遇到了很有趣的事。

美国的银行职员愤怒地对我说:"这不是您的工作吧?""这难道不是别人的工作吗?自己的工作应该自己来做。"他充满义愤地继续说道:"叫您的上司来,如果有什么不方便,我给他打电话。"那时我在公司是最年轻的,常做一些不是自己工作分内的杂务,因此常去银行处理各种各样的事情,对此银行的人感到非常愤怒,为我报不平。

而这种徒弟辈的人打杂作贡献,在日本是理所当然的事情。在20多岁的时候,什么杂务都得做,比如我去银行把前辈职员的支票换成现金，代替他们去汇款，等等，这些鸡毛蒜皮的杂务都由我来做。但是银行里的人为之愤怒："这是不能原谅的。这不是您的工作吧？这是其他人的工作。我生气了，叫您的上司来。"

我在日本一次也没有看到过这样的情景，因此我感到很吃惊："原来美国人是这样考虑问题的。"美国非常明确地主张个人主义，公与私有非常明确的不同。

他们通常这样想："干工作时必须服从命令，承担起自己的职责，但是属于个人领域的东西，无论是上司、部下还是同事，却另当别论。在个人关系的领域都是平等的，因为年轻就受别人支使是错误的。"

这个银行职员如此滔滔不绝地对我说这些话，在某种意义上使我很感动："真了不起呀！对这个人来说我是一个不相干的外人，也不是他的熟人，但他却如此为我说话。"这件事真的使我感铭甚深。同时这件事也给了我深刻的启迪："这就是民主主义吧？美国这个国家真是很了不起呀！"

美国在职业上的等级差别比日本更加明显，由于

第三章　以信仰为目标去生活

学历等的不同，人们所从事的职业截然不同。这种等级的差别远比日本要严重得多。但是令我惊讶的是，他们强烈地主张人的平等，主张"所有的人都有价值"。

我作为日本人，在公司里是最年轻的，因此要处理各种杂务。因此，我即使说自己毕业于东京大学，公司里的美国女职员们也不相信，因为她们认为："在美国，从哈佛大学毕业的人是绝对不干这种杂务的。"

在美国，所担当工作的水平从开始就是由学历决定的，因此她们说："从您工作的内容来看，您的学历一定是非常低的。"我回答说："并非如此，我这是为了进行职业训练。"但是她们仍然说："难以置信。"为此，我作为一个公司里的干部，很难站在一个指导她们的立场上说话。

"一边处理杂务，一边作为上司来工作"，这是一件非常伤脑筋的事，而从这种处境中，我也学到了不少东西。

☕ 文化冲击是创意的源泉

> 通过接触异质文化，增加我们的经验和知识，我们看问题的方法就会是多角度的。

接触异质的思维方式和文化，就要受到一种文化冲击，但是如果不接受这样的震撼，就不会明白自身有多少变化的可能。

我在美国的时候，正在放映《甘地》这部电影，这是描写印度圣人甘地的影片，长达3个小时。我看了这个电影并大致理解了这个电影的内容。

我对一位美国教授说："我看了《甘地》，并且理解了电影的内容。"而那个教授说："我也看了《甘地》，但是我无法理解它的内容。"从语言上说，我绝不可能比教授的语言能力高，但是我在没有日语字幕的情况下，大致理解了电影的内容。

我很纳闷："难道还有这样的事情？"而经过仔细的思考后，我才有所领悟。

因为我是日本人，能够理解亚洲人的思维方式和"甘地到底是一个什么样的人"，因此我看电影的时

第三章 以信仰为目标去生活

候借助影像大致理解了整个电影的内容。而不能理解这种思维方式、行为模式和文化的人，是使用英语的国民，即使他理解英语，他也不会理解"为什么会是这个样子，他为什么这样说"。

甘地深受耆那教（Jaina）的影响，耆那教可以称为佛教的姊妹宗教，其思考方法与佛教非常相像。为此，从渗透了佛教精神的日本人来看，很容易理解甘地式思维方式和行为模式为什么会得到周围人的支持。这些事情从佛教徒来看，道理几乎是一样的，因此很容易明白。

可是甘地的思维方式和行为模式在具有欧美思维方式的人来看是不能理解的。即使理解了扮演甘地的演员所说的英语，但是仅凭语言很难理解甘地究竟想表达什么。即使是考虑到"扮演甘地的演员的英语有印度口音，不好懂"的因素，不理解的终极理由还是不了解其文化背景。

日本人到美国去会受到文化冲击，而反过来美国人在电影里看到亚洲人的人生，也会理解不了。甘地所宣扬的"非暴力"和"不抵抗主义"，在美国人看来是很愚蠢的，甚至觉得他是"缩头乌龟"，"没有脑细胞"。"这个人为什么不把自己的主张说清楚并为之而战呢？"——这是他们的思维方式，"为什么这样做是善的呢？为什么这样的事情得到赞美？为什么这样的人被杀？"——他们无法理解这些事情的意义。

这样，当我们面对与我们处于不同立场上的人们所做的事情时，就会感到："我们互相不明白的事情是很多的。"

通过接触异质文化，增加我们的经验和知识，我们看问题的方法就会是多角度的，这对于从来没有接触过这样的事情和思维方式的人来说，是一种新思维，是一种非常珍贵的思维方式，而这种思维方式有时就会成为我们工作中的一种启示和灵感。

没有体力,人对事情的判断就容易悲观。

体力可以提高工作的能力

☕ 体力在个人的能力中也是很重要的

> 为了使自己有益的工作能长久地持续下去,需要有良好的体力。

对于15至25岁的人来说,最重要的是锻炼头脑,同时锻炼身体也是非常重要的,因为前面已经说过,身体是我们成就一切的资本。

因此,当自己感到"头脑似乎没有伸展的余地了",那你就去强化体力,因为这里还有一点伸展的可能。**人有可能把自己的体力扩大一倍**,根据每个人的情况,**有的人甚至能扩大到5倍。体力在个人的能力中也是很重要的。**

可能有人认为我做的工作看起来很轻松，但是根据一个人的学说，演讲一小时心脏所承受的负担和慢跑8公里差不多。因此，只演讲而不锻炼身体的人，有时可能会猝死，认为"只懂得理论就可以了"，而轻视锻炼身体的人，即使是科学家，也容易早死。"锻炼身体"这件事是重要的，它和提高工作能力是连在一起的。

"现在工作，明天还能否继续战斗？""有益的工作能够继续下去吗？"这些都和体力有关系。

当然，工作能力和体力两方面都很重要，**但是没有体力，有益的工作是无法长期持续的。**同时，**只要没有体力，对事情的判断就容易悲观起来，**在人际关系上也会悲观起来，总是往坏上加坏的方向考虑，对工作也会感到前途渺茫，一片漆黑。

反而推之，有了体力，前途就会变得光明起来，在人际关系上会感觉到"总还可以改善吧"，对于工作，也会觉得"接下来应该很顺利吧"。所以那些觉得工作很苦的人，很可能是体力上出现了问题。

为了使自己有益的工作长久地持续下去，需要

第三章　以信仰为目标去生活

良好的体力。以前，我在"东京巨蛋"[①]面对约5万听众进行了约30分钟的演讲。为了这30分钟的演讲，从半年以前我就着手准备，在距离演讲还有三个多月的时候，我的感觉一直与作为种子选手出场的拳击手一样，为了这30分钟，我必须练就足够的体力。

为此我进行网球等运动，还两手各持约3公斤重的沙袋，在跑步器上奔跑，几乎就是电影《罗基》[②]的世界。当时能够把5万人聚集起来的人，是迈克尔·杰克逊和麦当娜那种级别的人，一般人能有1万左右的观众（听众）就到了极限。迈克尔·杰克逊和麦当娜都有惊人的体力，如果有他们那种体力，差不多就能在电影《蜘蛛侠》里出演，戴上假面演动作片了。

在"东京巨蛋"这样大的场所里演讲，就需要有

---

①东京巨蛋：位于日本东京都文京区，1988年建成，是日本第一个巨蛋型棒球场。株式会社东京巨蛋营运，爱称BIG EGG。——译者注

②《罗基》（Rocky），1976年的美国电影，主人公为拳击手罗基。——译者注

与此相应的体力。在那么大的场所表演，再有就是职业格斗家了，那也是要耗费相当大的体力的。当时我想："我必须刻苦锻炼身体"，因此暗暗进行了刻苦而认真的锻炼，从很大程度上来讲，正是因为这个原因，我才取得了成功。

第三章　以信仰为目标去生活

☕ 训练头脑和训练身体都是必要的

> 训练头脑和训练身体都是必要的，而训练出能顺利地兼顾这两者的能力也是必要的。

可以说，这个世界并不是那样乐观好过的。

一般来说，光学习身体就会弱，光运动头脑的能力就会下降，学习和运动兼顾就不会成为平庸的人。只有使这种矛盾的事情得以兼顾的人，才能进入成功的轨道。这是需要下工夫想办法的，如果都是半瓶子醋，就会成为平庸的人。

必须学习，又必须运动，使这两者兼顾，并拿出出众的成果，这是非常难的。

我现在进行的运动，比起当工薪族的时候多得多了，当然还没有达到我在初中和高中时的水平，但却是高中毕业以后运动得最多的时候。要想持续地工作，不运动就很难坚持得下来，因此我现在仍然一如既往地坚持锻炼身体。

和中学的男生一起运动，有时中学生比我先坚持不住了，这使我很吃惊。从我的体力来看，也没有什么大不了的，但是我的耐久力比较强，"运动的时候不会筋疲力尽或倒在地上，运动之后也泰然自若"——如果这样的能力不高，就很难工作。和年轻人相比，可能现在我们的爆发力下降了，但是从有耐力这个意义上说，我们的力量则是连绵不断的。

我就是进行了激烈的运动以后，也能泰然自若地工作、读书，这样的能力是由训练而得来的。一般来说，做了激烈运动之后，就不能再工作和读书了，但是我能平静地去做这些事情，这种能力是可以得到提高的，不，应该说必须加以提高。

从这个意义上讲，训练头脑和训练身体都是必要的，而训练出能顺利地兼顾这两者的能力也是必要的。

鼓起勇气向新事物挑战,以此锻炼意志。

坚持到底的意志

向新事物挑战,以此锻炼意志

> 无论做什么事情,在开始的时候需要强韧的意志力量。

我曾说过,15岁到25岁之间最重要的是"锻炼头脑",第二是锻炼体力,第三是开发精神力量,这也是很重要的。

所谓精神力量,第一还是意志力,首先必须具有坚强的意志力量。无论做什么事情,在开始的时候需要强韧的意志力量。比如说汽车,在发动的时候需要非常大的力量,无论什么在最初发动时都需要很大的力量。如果没有意志力量,就是在学习上,也难以开创新的领域,在工作上则难以着手进行新的工作,向

第三章　以信仰为目标去生活

新事物挑战，是需要意志力的。

向新事物挑战，是年轻人的特权。鼓起勇气向新事物挑战，以此锻炼意志，这也是很重要的。

学习和运动、文化活动和俱乐部活动，此外还有各种各样的活动，在必须做很多的事情时，如何使无法兼顾的事情得以兼顾，需要意志力量在这里发挥作用。

让强韧的意志力量发挥作用，然后靠目标和计划对所从事的事情进行控制也是很有必要的。自己制定了目标和计划，"因为这是自己定立的，无论如何也要达成这个目标"，"自己定立的这个计划，一定要在本周内完成"——要这样去想，并用意志力克服困难，完成目标与计划，这也是通过训练能够得到的本领和品质。

开始的时候是非常需要意志力的，而渐渐养成一种习惯时，就能轻松地完成。比如说，在游泳池里游泳时就是这样。在游泳池中把脸放在水里游泳时，最初是很难受的，而习惯以后就很轻松，骑自行车也是如此，开始时千难万苦，学会了就非常轻松。

开始时是困难的，可是见到困难就退缩，就不会有所得。"这件事没有干成，然后再去干别的事情,还是没有干成"——这样下去,人就矮化了,萎缩了。

重要的是克服困难,事有所成,这种"坚持到底,夺取胜利"的能力是很重要的。几乎所有的人都是事成八分以后,在再做两成就要成功的时候,放弃了,他感到"好像很难",就回到了原点。

可是,在还剩两成就要成功的时候,即使是感到很苦,也要发挥出一鼓作气、一举成功的力量,这种克服最后两成的困难的力量,在你走到社会的时候会发挥作用。

这就是不怕艰苦,完成工作的能力。比如说在工作的同时,家庭中发生了种种问题,在为工作和家庭无法兼顾而感到痛苦的时候,能够排除万难,解决这些问题,就是一种意志力。

第三章　以信仰为目标去生活

☕ 别让地位和名誉，成为勇气的羁绊

> 人渐渐地得到了地位和名誉，就会害怕失败，也就不进行挑战了。

首先具备意志力，然后锻炼精神力，磨练技术，此后变成习惯，之后变得轻松而熟练，以这种轻松与熟练为基础，再去迎接新的挑战——这种模式是很重要的。

将苦的事情、难的事情变成轻松的事情、容易的事情，可以简单地完成的事情，然后再去面对新的问题和新的难题。

成功地完成了这种模式的人，已经开始步入成功的轨道，这以后会突飞猛进。

但是，在困难面前退缩的人，无论如何也无法突破难关，无法前进。总之，年轻的时候以挑战精神克服困难是很重要的。

年轻的时候也没有什么名誉，即便说"失败了会很羞愧"，失败也不是那么可怕的东西。可是，人渐渐地得到了地位和名誉，就会害怕失败，也就不进行

挑战了。

十几岁和25岁以前，确实是挑战的好年龄。这时，既没有很大的成绩，也没有什么社会评价，不是名人，恐怕也不是大富翁，因为没有什么可以失去的，所以迎接挑战。

依靠挑战，掌握新的能力，或是完成工作，得到坚持到底地夺取胜利的力量，如此的**"坚持到底的能力"是非常重要的。**

就是学习成绩优秀的人，如果坚持到底的能力低，一旦从事工作，往往难以胜任。就是在某种程度上能够胜任，但由于意志薄弱，在最后完成之前临阵脱逃，这样的人，作为领导也是不合适的，这是很遗憾的。"坚持到最后"的力量是重要的，坚持到底地夺取胜利是很艰难的事，但是只要坚持到底，其他的人也会跟上来。

因此，所谓"无论如何也要坚持到最后"，就是具有坚持到底的能力，年轻的时候，努力培养这种能力是重要的。

人渐渐得到了地位和名誉,就会害怕失败,继而失去挑战的勇气。

第三章 以信仰为目标去生活

循着程序前行，结果会更圆满

☕ 建立程序的能力来源于成长中的训练

> "如何使程序严密，运行有序，结果圆满"——请锻炼出这种建立程序的能力。

为了磨练智慧，需要建立程序。也就是在学习和运动等种种事物中，有建立程序的能力。所谓建立程序的能力，就是"决定事物的顺序，并按照这个顺序得到成果"的能力。建立程序的能力是通过后天训练练就的。

建立程序在考试复习中也是必要的。如在准备学历考试、定期测验或入学考试的时候，需要建立"学什么？学多少？怎么学？"的程序。

在文化节表演的时候也需要程序。如"怎样准备

循着程序前行，结果会更圆满

所需要的东西和人？剧本和排演怎样安排？怎么让演出圆满结束？"

如果程序严密并且进展顺利，运行就会游刃有余。如果程序混乱，那么仅一件事情就得颠三倒四地做个没完，便无法做其他的事情了。为此，建立程序的能力对你将来的前途非常重要。

"如何使**程序严密，运行有序，结果圆满**"——请锻炼出这种建立程序的能力。

有一种相当有影响力的学说认为：这种建立程序的能力在很大程度上是天生的，但是我从来没见过有建立程序能力的婴儿。可能婴儿之间"多少有些多动和老实一点"的差异吧，但是从未听说有能够建立良好的程序并整理玩具的婴儿。

因此，我认为建立程序的能力有相当一部分是通过后天训练得到的。

当然，根据个体的不同，有人认为"自己的性格偏向于杂乱无章，不能很好地建立程序"，"自己的注意力容易涣散，不能很好地建立程序"，等等。但是由于我没有看到过年幼的时候就能建立很严密程序的孩子，因此建立程序的能力来源于学生时代或走上社会之后的训练部分，这种可能性是非常大的。

第三章　以信仰为目标去生活

只要你没有意识到"不建立程序令人无法工作"这种需求，就不可能建立起严密的程序。而意识到"不把这件事做完，就无法做其他的事情"，就会开始考虑"怎样让这件事情圆满结束"。可是，你要是认为"手头这件事永远做不完也没有什么"，那么这件事在你那里也就不会完成。

如果你觉得"还想做其他的事，其他的事也必须做"，"怎样让这件事情圆满结束"的必要性迫在眉睫，智慧也就会从这里产生。如果你又能轻松自如地处理这些问题，也就有余力做其他的事情了。这样的人往往被誉为"能力很强"。

☕ 不善于建立程序，就难免"夺人之爱"

> 如果有能轻松地完成工作的人在，另外的人就会得到很大益处。

在工作现场，存在善于建立程序的人，工作就可以圆满结束；如果有不善于建立程序的人存在，那么工作就会大量增加，忙不过来，甚至给其他人添麻烦。

从工作的角度来看这件事，就完全成了"给人以爱"和"夺人之爱"的关系。

如果有能轻松地完成工作的人在，另外的人就会得到很大的益处。因为他游刃有余，你可以请他用余下的时间帮助自己完成工作。反过来，在工作时总是忙不过来，无法完成，总要求别人去帮助他（她），净给人家添麻烦的人，就成了"夺人之爱"的存在，在这一点上人与人之间存在着相当大的差距。

不善于建立程序的人，只要没有注意到"建立程序是必要的"，或是不反省"自己给人家添麻烦了"，就不会变好。

第三章 以信仰为目标去生活

"总是错误不断","总是搞到很晚还完不成工作"——在一个组织中,这样的人很难去做负责任的工作。

因此,请你务必掌握建立程序的能力。

建立程序的能力和责任能力几乎相同。"到底能承担多少责任","工作可以干到什么程度","责任能力的广度究竟有多大"这一类自我认识,与自己"能怎样安排程序完成工作"这样的自我认识几乎是一样的。

如果承担了自己无法胜任的工作,就会被视为"不负责任的人",受到周围人的指责和弹劾,也将不再被信任。

因此,看清"自己能在什么范围内轻松自如地完成工作",并不断提高自己的能力,对于自己"更上一层楼"是十分重要的。

☕ 自信源自于对自己能力的了解

> 那些反复阅读经典书籍的人,是有教养的人,记忆力也会很好。

我的工作在大家的眼里,可能只不过是"时常出来发表一篇演讲"而已,因此也许有人认为我似乎是"安闲度日,轻松自在",从他人的角度来看,我确实好像轻松自如地工作着。

可是,能显得轻松自如,就必须掌握相当熟练的技能,这是需要智慧的。要做到这一点,在所有的方面都要付出巨大的努力,虽是"仁者见仁,智者见智",但是我相信有人会理解这一点。

比如说,我如果进行一小时的演讲,我将不看稿子讲话,但我并不是把稿子全背了下来。我从1986年开始演讲,没有一次是预先写演讲稿的。时常有人说我是"背下了演讲稿",但是对于这样的事情,我连想都没想过。

在"东京巨蛋"演讲的时候也是一样。走向讲坛之际,我是在乘电梯的时候才想"今天应该讲些什么内容"的。我总是在正式出场这段时间里"一决胜负",从来没有写过或背过稿子。

把我一小时的演讲内容转换成文字,大约要写60页稿纸。这样的话,如果用手写,一小时只能写5张左右,写60张需要12个小时,此后还要修改等等,还要花费一些时间。

如果再把讲稿背下来,并流畅地讲出来,还要练习好多次,弄不好要花费一周左右的时间。如果花费那么多的时间,工作效率就要大大降低,我就会处于"总是很忙"的状态。

但是,实际上我并没有这样做,因此时间上是很有空闲的。我所进行的一小时演讲,是在讲演现场一边思考一边进行的,但是我对此有这样的自信:"今后把演讲的内容印成书或灌成CD出版也不会有什么问题",而这自信来源于过去练就的技能。如果有一定的技能,就会大致明白"我的演讲会稳定在什么样的水平上"。

因此,我在演讲之际,经常不写讲稿,只决定主题和演讲题目。所幸由于过去头脑训练的结果,我具有即兴地把一小时左右的演讲合乎逻辑地归纳起来的能力。由于过去的种种学习和训练,我能够立足于这种有利的立足点。

同时也是由于过去学习的结果,我的记忆力非常好。一般人写东西作研究的时候,需要写便签、记笔记、做卡片等。可是我只要读了一遍,就能大致记住要点,不太需要做如上的工作,因此效率非常高。

但我希望大家反复阅读个人藏书。那些反复阅读经典书籍的人,是有教养的人,记忆力也会很好。

第三章 以信仰为目标去生活

☕ 进行规划,锻炼持续工作的能力

> 正因为掌握了进行规划的方法和持续工作的能力,才可以轻松自如地工作下去。

我在演讲的时候,事前虽然只决定主题,但只是以"时而突然想出题目"这种状态工作,但是如果只用瞬间的灵感来做工作,我也难以承担责任。

为此在实际中,我以这样的方式来工作。

我有时会想到:"需要讲一下这个事",产生一个演讲的题目,这时我就把这个题目写在卡片上。

有时候我想:"我现在有几个演讲题目呢?"一看卡片,差不多有150张左右,因此我在那个阶段就能进行150场演讲。

150张卡片意味着:一年如果进行30次演讲,这就是5年。这就是所谓"在水库里积水,必要的时候放出去",是一种类似于"水库经营"的方法(这是当时的事情,现在我也同时使用各种便签)。

当然,如果时常演讲,卡片就会减少,如果再想起新的主题,就再写在卡片上。这样一来,卡箱中总

那些在日常生活中不懈努力的人,常常能得到灵感的眷顾。

第三章 以信仰为目标去生活

是有100到200张左右的卡片。卡片有入有出,就像水库里的水一样,一直保持一定的存水量。

这是一个稳定的素材源,我总是存有5年左右的演讲素材。

我的演讲大致是进行50次左右,就汇集成一本书,"有150个演讲题目",就意味着"有30册书左右的内容"。

写私小说①的作家们常说:"一边痛苦地呻吟着一边写自己的体验,一直到写完。"可是,那光是抚养妻子儿女就要疲惫不堪,他们的妻子和孩子的生活一定像在地狱般痛苦。

正因为我掌握了**进行规划的方法和持续工作的能力,才可以轻松自如地工作下去。**

---

①私小说:日本大正时代产生的一种独特的小说形式,作者主要以自己的体验、家庭、亲友为素材,描写个人身边琐事以及亲身体验之事,属于一种"告白"式的小说,又因为它倾向于从日常生活中提取素材,表现个人的心境,又被称为"心境小说"。"私小说"一词于1920年开始散见于当时的报刊上,1924年至1925年间,久米正雄发表《私小说和心境小说》,宇野浩二发表《私小说的我见》等,认为私小说是日本的纯文学,是散文的精髓,竭力加以推崇,引起文坛的议论,从此这个名词便被广泛使用。——译者注

凝缩工作,创造余裕

> 如果看不到首领游刃有余、轻松自如地工作,这个组织就不会扩大。

一个组织的首领,当能力已到达自己的极限,苟延残喘般地垮下去,组织就不可能再发展了。作为首领,总要游刃有余。如果看不到首领游刃有余、轻松自如地工作,这个组织就不会扩大。

对于处于上层的人来说,最重要的是开始的时候将困难的问题轻松地处理,然后渐渐把问题交给下面的人,而自己总是去挑战未知的、困难的问题,尽可能轻松自如地解决,而且要不断地创造出余裕。

依靠这样的首领,组织才能得以发展、成长,同时,组织中个人的能力也可以得到持续发展。如此,从学习开始,然后磨练工作能力,建立起一套自己的程序,并经常思考"如何稳定地成长下去",这是非常重要的。

每天都被自己的工作追赶的人是做不到这一点的。这里重要的是:"如何才能抓住要领顺利处理问

第三章　以信仰为目标去生活

题？如何考虑数年以后的事情？"

据说科学杂志《牛顿》的主编、已故去的竹内均先生，在创刊的时候事先准备好了能够使用4年的他所执笔的文章，也就是说杂志一经创刊，他就已经有4年的报道储存。如果没有这种程度的储存，新的东西是很难运行的。

被工作追赶而没有时间考虑其他事情的人，总是说"我忙得很，加班，加班，忙，忙……"这样的人在智慧、技能或体力方面，可能有什么不足之处。这样的人可以再训练一下自己，依靠进一步的磨练，做一些有预见性的工作，有了一定的预见性，也许可以把工作做得快一些，创造出余裕来。

游手好闲是创造不出余裕的。必须处理的工作需要有一定的量，比如说，在"必须在一个月内完成这些工作"的情况下，如果只用15天就完成了，余裕就产生了，在剩下的这15天内，可以探究新的问题，也可以做新的工作，如果这15天的工作又在一周内就完成了，就有更多的余裕了。

就这样，提高工作能力，迅速完成工作，余裕就被创造出来了。可以说，余裕是靠有效地凝缩工作创造出来的。

迟迟不做事，拖拖拉拉，磨磨蹭蹭，必须完成的期限要到了，才一边叫"不得了了，不得了了"，一边匆匆忙忙做事，以为这样也是做工作，那就有点儿太娇宠自己了。

一般的人都是这样，能力稍高的人也可能是这样。就是作家，要是没有交稿期限，往往也总下不了笔。直到快到交稿期限，被编辑揪住"监禁"起来，才不得不写起来。

公司的工作也是如此，总会有"交货期限"这样的截止期，而比截止期提前一两天交货是很重要的。如果是延期一天、两天甚至五天、十天交货，就失去了作为人的信用。如果比截止期提早一两天完成，就显得很有信用并且游刃有余，因此应该树立这样的目标。

如此努力下去，作为个人能得到发展，作为组织也会有发展的余地。

我希望大家认真考虑上面的问题。

第三章　以信仰为目标去生活

年轻人的"开悟"之道

 感悟倍感苦闷的青春

> 年轻的时候常常觉得"青春有什么美好的"，而过了50岁，就会感到"青春确实很美好"。

以上讲述了以锻炼头脑为中心的能力、体力及精神力的锻炼，以及把这些与工作能力结合起来的重要性。作为年轻时候的感悟，这样的东西恐怕要占据中心位置。

回首30年前的自己，对我来说，从15岁以后到25岁以前曾倍感苦闷。

当时，读年龄大的人写的东西，曾读到过"青春真美好"、"青春多亮丽"什么的一节，记得当时一种强烈的感觉是："有什么美好？有什么亮丽？这样的

说法真是令人厌恶。"

那时的感觉就像蒙克的绘画《呐喊》一样,就是在北欧浑浊沉重的乌云笼罩的天空下,想大声喊叫——这种心情就是青春,我真实的感觉就是这样。

那时我总是这样想:"青春这东西哪儿好?有什么美的?真令人难以忍受。出路又在哪里?"而现在30多年过去了,现在的自己如果能遇到那个年轻时候的自己,也许会毫不犹豫地向他建议:"你要好好享受你的青春啊!"30多年过去了,自己也应该有了这点长进吧!

可是,虽然可以提出建议,但是我觉得"不经过一定时间就不会认识这个问题",我们大家都是"过了几年之后解决了这个问题,而现在却无法解决"。

年轻的时候为之苦恼的事,现在几乎都解决了,并且具有了能够解决这些问题及向别人提出如何去解决的建议的能力,这就是成长。

年轻的时候觉得"青春有什么美好的",而过了50岁,就会感到"青春确实很美好"。青春是宝贵的,那里存在着无限的可能性、跃跃欲试的干劲和对未来的展望。那就让我们来好好享受它吧。

第三章　以信仰为目标去生活

☕ 选择的多样性是青春才有的富饶

几乎所有的青春的烦恼，其实都来源于选择的多样性。人生有无限多个解。人生是不能被理性穷尽的一个无理数。每个人站在不同角度去看待它、体验它，因此从中得出有关人生的定义，也各有殊异。但有一点是共同的——人生就是选择。

过了许多年之后回首往事，才明白那烦恼原来是因为选择上存在着多样性。供选择的路存在着几种可能性，由于不明白在这样的多样性中选择哪条路，因此感到看不见未来，并为此而苦恼。

在年轻的时候，有如此多的可供选择的路，而随着年纪的增长，选择的范围渐渐变窄，不久就变得只剩下一条路，只有这一条路可走了。

可能在年轻人看来，"能走一条路"是非常令人羡慕的，但是对于只能走一条路的人来说，他们往往非常怀念"从前曾有许多路"的时候，觉得那时很美好、很亮丽。

大家可能还在为"看不见未来"，"不知道选择什么样的路才好，怎样决断才好"，"不知道将来会是怎样"等而不安、苦恼，但是也必须知道其实那是年轻才特有的富饶。

过不了多久，可供选择的范围就会变得狭窄，所以你不要去期待选择的范围只剩下一条路的日子快些到来，而应该尽情地在这种选择的多样性中痛苦、烦恼，并发现你的道路。

难道这不就是年轻人的一条"开悟之道"吗？

在选择的多样性中，发现你的道路。

Chapter IV

第四章
不要失去"饥渴精神"
——通过知性积累的锻炼,你将成为另一个人

具有饥渴精神的人，无论多大年龄，都是年轻人

年轻、无名、贫穷的代名词

> 这种"饥渴精神"，就好像是"年轻、无名、贫穷"的代名词。

在这一章里，我将基于《青春的原点》（幸福的科学出版社出版，大川隆法著），以不要失去"饥渴精神"为主题进行论述，希望不仅为年轻人，也能为构成当今社会中坚力量的人士提供参考。

首先我想说明一下什么是"饥渴精神"。

所谓"饥渴"（hungry），在英语里是"饿，肚子空，肚子瘪了"的意思，而我们这里所说的"饥渴"，并不是肉体上饥渴的意思，而是更多的带有精

第四章　不要失去"饥渴精神"

神的意味。

我在《青春的原点》的前言中写道："这是年轻、无名、贫穷时代的我的灵魂，在苦难中像蚕吐丝一样编织而成的作品。"

这种"饥渴精神"，就好像是"年轻、无名、贫穷"的代名词。

年轻人因为年龄小，很容易被大人们轻视。几乎没有什么人能在很年轻的时候就变成非常了不起的人物，因此很多人被人当做下属，并遭到轻视。

并且，年轻人大都没什么名气，很有名气的年轻人真的很少见，只在文艺界和体育选手中有一些。

年轻人一般也很贫穷，当然有的人的父母可能是有钱人，但是一般学生身份的人，零花钱都是有限的，多数人勉勉强强只能维持最低的生活水准。

从这个意义上来说，年轻人会感到自己什么都不是，而"什么都不是"就缘自于这个世界上谁也不承认你是一个名副其实的大人。因此，年轻人大多会抱有"快些成为一个被人承认的名副其实的大人"的强烈愿望，这也就是我要向你们讲的"饥渴精神"。

☕ 不满足于现状，经常去挑战新事物

> 人失去这种"饥渴精神"的时候，就不再是年轻人了。区分一个人是否是年轻人，只要看他是否具有这种"饥渴精神"，也就是是否还有如此的心情："我还不满足，还没有吃饱呢。"
>
> 我希望上了年纪的人，能够再一次回首自己抱有"饥渴精神"的年轻时代。

年轻人比较容易抱有"饥渴精神"。

和饿了的时候想要吃得饱饱的一样，年轻人"希望被别人承认"，"希望受到尊重"，"希望成功"，"希望进一步成长"，"希望做好工作"等等，他们在各个方面都会产生强烈的不满足感。

现在30多岁、40多岁或50多岁，甚至更年长的人，在他们年轻的时候，应该都经历过这种"饥渴状态"。可渐渐的，随着年龄的增长，当这种饥渴的心情，也就是"空腹"的感觉没有了，他们就会得出"人生不过如此"的结论，并开始接受现状，随波逐流。在他们的生活中，抱怨和借口日渐多了起来，疾病和健康问题成了关心的重点，生活在渐渐失去"饥

第四章　不要失去"饥渴精神"

渴精神"的流年之中，看不到未来。因此，我希望无论是处在哪一个年龄段的人，都应该继续保持这种"饥渴精神"。

人失去这种"饥渴精神"的时候，就不再是年轻人了。区分一个人是否是年轻人，只要看他是否具有这种"饥渴精神"，也就是是否还有如此的心情："我还不满足，还没有吃饱呢。"

换句话说，就是"never give up"的精神，就是"永不绝望"。在还抱有"还不能放弃，还没有绝望"的心情的时候，可以说，这个人就是年轻人。

"我根本没有绝望，我还想让生命的鲜花再开放一次，我还具有饥渴精神。"一个这样的人，无论他的生理年龄是30岁、40岁，还是70岁、80岁，在心理年龄上，他们都是年轻人。

而大多数人会选择在中途放弃，"也就这样了，安于现状就可以了"，他们习惯于在惰性中随波逐流，在"惯性定律"中以既往的生存方式打发日子，不想再做更难一点儿的事情，也不愿接受新的挑战。

这就是失去了"饥渴精神"的状态。

我希望上了年纪的人，能够再一次回首自己抱有"饥渴精神"的年轻时代。

请展示你的志向,这样你将了解你是谁。

第四章　不要失去"饥渴精神"

通过"饥渴精神"来使自己获得成长

 锻炼头脑和锻炼体力是紧密相关的

> 15岁以后到25岁之前最重要的事就是锻炼头脑、体力和精神力量。

下面我们来说说如何通过保有"饥渴精神",来使自己获得成长。

15岁以后到25岁之前最重要的事就是锻炼头脑、体力和精神力量,为成为成熟的具有工作能力的大人作准备。

占第一位的是锻炼头脑,这个在学校里老师也会教授,无论是谁,其实都已经在一定程度上实施过。

对于占第二位的锻炼体力,也许有人认为那是体育老师和运动员该做的事,和自己没什么关系。但实

际上，锻炼头脑和锻炼体力是紧密相关的。

无论是谁，在25岁之前这个时期，一般都是边学习边运动，身体也会比较强壮，因此难以体会到体力和头脑的关联性。但当他们到了四五十岁的年纪，就会渐渐明白两者密切的关系。

在我们的学生时代，边学习边运动很容易做到，并且也是学校的要求，因此不存在什么问题。但走上社会以后，由于工作的压力和其他原因，我们会在不自觉中疏忽掉对身体的锻炼，时间长了，有时脑子的反应速度就会下降。

第四章　不要失去"饥渴精神"

☕ 体力的下降会加重头脑的倦怠感

> 二三十岁以后,如果感到"不能读书了","工作进展得不顺利",很可能是体力下降的缘故,这时,我们就应该采取某种形式,在生活中安排一些力所能及的运动。
>
> 如果不认真并持续地进行锻炼,智力活动就会逐渐停止,并会很快地衰退。

在学生时代,人们常说要努力学习,努力运动,而这就是人生的基本形态。

但在走上社会以后,能够坚持这种形态的人就少了起来。工作已经使人疲惫,在工作以外的剩余时间里,要想既锻炼头脑又锻炼体力就显得非常不容易。

要做到两者兼顾,没有坚韧的耐力和毅力是难以持续的。

而能够用心于此的人,渐渐就会和其他人拉开距离。这确实是千真万确的。

二三十岁以后,如果感到"不能读书了","工作进展得不顺利",很可能是体力下降的缘故,这时，我们就应该采取某种形式，在生活中安排一些力所能及的运动。

在学生时代，由于身体很结实，即使是在很劳累的情况下，基本上只要晚上睡一个好觉，体力也就能够很快得到恢复，好像不知道什么是疲惫。

"脑子累"的感觉也是一样，年轻人即使学习工作了很长时间，睡一晚上也就恢复过来，因此一般人很少感到疲惫。

我在年轻的时候，对"脑子累"也不太有感觉，可是等过了一定的年龄，一旦学习过了头，这种感觉就会异常强烈。当进行过一些不适当的运动之后，就不能再读比较艰深的书了。这时，若不尽快放松一下身体，让血流顺畅一些，就很难再继续学习。

认为自己是做脑力工作的，就可以不用考虑身体，因此而轻视身体锻炼的看法是不可取的。如果不认真并持续地进行锻炼，智力活动就会很快地衰退。

第四章　不要失去"饥渴精神"

☕ 身体的健康、思维的敏捷和精神的愉悦完全可以同时获得

> 如果不想变老,我们就需要定时锻炼身体。而要做到身体锻炼与脑力锻炼两者间的平衡,只有一个方法,那就是努力使体力和脑力的锻炼成为一种习惯。要是做到这一点,也就同时完成了对精神力量,即意志力的锻炼。
>
> 正是意志力,在引导着我们生活的方方面面。

从一般的情况来看,擅长学习的人不擅长运动。擅长运动的人不擅长学习,如果两方面都进行,就很容易变成一个平庸的人,这并非没有道理,因为人的时间和精力总是有限的,很难同时兼顾到多个方面。

如果不想变老,我们就需要定时锻炼身体。而要做到身体锻炼与脑力锻炼两者间的平衡,只有一个方法,那就是努力使体力和脑力的锻炼成为一种习惯。

要是做到这一点,也就同时完成了对精神力量,即意志力的锻炼。

从某种意义上说,正是意志力在引导着我们行为的方方面面。

一开始的时候是非常需要意志力的,我们必须一边自我激励,一边锻炼。但渐渐的,可以称之为"惯性定律"的一种"习惯的力量"就开始发挥作用,依靠习惯的力量,我们就能很愉快地做到。到了这种境界,身体的健康、思维的敏捷和精神的愉悦便可以同时获得,它们能够相互促进,使一切都朝着更好的方向更进一步。

第四章　不要失去"饥渴精神"

无论多大年龄，都可以开辟新的人生

☕ 权衡一下你所擅长的科目，就可以解读出未来的命运

> 常言道，因为喜欢，所以擅长。一般说来，一个人的职业方向，也就是他所擅长的科目的方向。也可以这样认为，即自己喜欢做的事情，往往就是适合自己做的。
> 一个人的职业方向，也就是他所擅长的科目的方向。

对于年轻人来说，最伤脑筋的可能就是将来的职业问题。

当我们正在学校里读书的时候，为自己将来的职业设计而苦恼的人可能会有很多。学生们总会不自觉地想到这样一个问题，"自己做什么样的工作才能成功呢？应该怎样设计将来呢？"

这样一种苦恼和迷茫的心态有时又会引发我们对学校课程设置的不满，认为在学校里所学的东西，如数学、古文等都和职业没有直接的关联，与自己所向往的职业相去甚远。

有一个现象值得引起我们的注意，那就是，尽管全国的学生都在学习同样的课程，却会出现有人擅长这一门，有人擅长那一门的情况。这就会使我们产生这样的想法——在学校里的学习也就是在选择将来的职业。

常言道，因为喜欢，所以擅长。一般说来，一个人的职业方向，也就是他所擅长的科目的方向。也可以这样认为，即自己喜欢做的事情，往往就是适合自己做的。

比方说，如果你感到自己非常喜欢英语，学习英语时会觉得很愉快，那么假如你去从事与英语有关的职业，成功的可能性或许就会比其他人高。

再如，有的人非常喜欢数学，一学起来就停不下

第四章　不要失去"饥渴精神"

来，学习数学时甚至感觉到一种心灵的愉悦，这样的人如果从事使用数学的职业就会比较好。

或许还有人说，"虽然我在学习上不行，但是在体育方面还是很有信心的。"这样的人就可以考虑去从事使用体力的工作。

尽管有人会对学校的课程不满，我却认为正是由于学校课程，我们可以知道自己擅长什么科目、不擅长什么科目，因此可以帮助我们判定未来该走哪一条道路。

希望你权衡一下你所擅长的科目与不擅长的科目，以此解读出自己的命运究竟是什么。

至少学校教育可以帮我们
判定未来该走哪一条道路。

第四章　不要失去"饥渴精神"

☕ 学习成绩的优劣与职业选择的具体与抽象

> 学习好的人,一般适合于做研究员、政府官员、银行职员等需要进行抽象性思考的工作。
>
> 另一方面,不太擅长学习的人,如果能够在某种程度上明确自己所选择的方向,把自己的才能指向以具体的物品和顾客为对象的现实工作,这样就比较容易成功。
>
> 通常情况下,学习好、具有高学历的人,能够更好地理解抽象语言。

说起学校,有的人为了掌握一门技术而选择进入专科学校,有的人只想考入一个短期大学,而有的人则一心要进入四年制大学。显而易见,各种大学升学考试的难易度也是不一样的。

这些现象能够带给人们哪些启示呢?基本上的结论就是:越是进入四年制大学那种比较难考的地方,就越有助于形成抽象的思考问题的方法。他们擅长于理解各种在现实中用眼睛看不见、用手摸不着的抽象概念，并能够用抽象的语言表达出来。

学习好、具有高学历的人，是能够更好地理解抽象用语的。

在大学升学的统一考试和其他考试中，较难取得好成绩、无法进入被人们称为一流大学的人，从某种意义上来说，他们可能更适合具体的、现实的职业。

学习好的人，一般适合于做研究员、政府官员、银行职员等需要进行抽象性思考的工作。

另一方面，不太擅长学习的人，如果能够在某种程度上明确自己所选择的方向，把自己的才能指向以具体的物品和顾客为对象的现实工作，这样就比较容易成功。

第四章　不要失去"饥渴精神"

☕ 人的不同，也就是学问的不同

> 钻研学问，并从事与这种学问相适合的职业，能够使你成为另一个人。

进入什么样的大学，还只是十八九岁时的选择，即使在这时出现偏差，人生的重新开始仍具有无限的可能性。在人生的旅途中，发愤进入另一条人生之路，并不是不可以。

比如说，在高中时代因为学不好英语，就从事了和英语不相干的工作的人，后来却感觉"还是想去国外工作一下"，这时一念之下奋发努力，即使是从30岁或40岁起才开始攻读英语，也仍有着不小的成功机会。

这就是知识的力量。钻研学问和不钻研学问的人，他们的人生轨迹有着很大的不同，并且这种不同会越来越清晰地显现出来。

日本近代著名的启蒙思想家福泽谕吉在一百多年

前完成的著作《劝学论》，成为明治维新时期最畅销的书。而在这本书中他只反复宣讲了一个理念，那就是：人生而平等，并没有贵贱之分。人与人的差别仅在于是否钻研学问。

他在书中写道：

钻研学问，并从事与这种学问相适合的职业，能够使你成为另一个人。

人的不同，也就是学问的不同。

这些思想和言论极大地激励了当时的人们，即使在现在，这些话仍具有顽强的生命力。

他极力劝导人们学习学问中的"实学"，所谓"实学"，就是实用的学问，即能够在这个世界上实际使用的学问。外语当然是实学，此外，法学、经济学、商学系的学问，工学系、修建建筑物、架桥等建筑学的学问，都是实学。

第四章　不要失去"饥渴精神"

只要持续地努力,自然的力量就会降临

 我一刻也没有忘记自助精神

> 那些拼命努力的人,那些表里如一、兢兢业业的人,注定会得到大家的帮助,并成为领袖。
>
> 正如孔子所说的那样,一个人不要担心没有职位,而应当担心自己有没有胜任这个职位的能力;一个人不要总是害怕没有人知道自己,而应当担心自己有没有让人知道的本事。

我在1986年10月开始从事现在的工作,那时我所有的只是一个仅能铺6张榻榻米的小房间,和两名与我一同辛苦打拼的义工,这就是我最初的工作室的雏形。

而现在,我的事业已经在全国获得了广泛的认

同，在海外也有一定的影响。形成今天这个局面的原因，有相当多的成分要归因于我自己持续不断的努力。

在没有外力相助的情况下，人只要不放弃，他就总能争取到属于自己的一份成功。

在这20多年的时间里，为了这样一份事业，我尽到了自己应尽的努力。从小我就有志于钻研学问，这种自发的努力差不多从16岁开始，一直延续到今天。这40多年以来，我一刻也没有忘记过自助努力的精神，也从来没有一刻丢失过"自助者，天助之"的心境。我之所以能够获得成功的原因就在这里。

大家看到那些始终如一保持努力的人，都会按捺不住地想要去帮助他，让好运在他身上降临。而那些怠惰、总想贪点小便宜的人，又有谁会去帮助他们呢？甚至，他们从别人那里得到的尊重都少得可怜。

正如孔子所说的那样，一个人不要担心没有职位，而应当担心自己有没有胜任这个职位的能力；一个人不要总是害怕没有人知道自己，而应当担心自己有没有让人知道的本事。

只要自己付出不懈的努力，好的结果自然会不请自来。

第四章　不要失去"饥渴精神"

☕ 勤奋的人常能得到灵感的青睐

> 哪里有不懈的努力，哪里就会得到灵感的光顾。
>
> 灵感突然的降临，在一生中可能也只有一两回，如果想成为灵感的接受者，持续不断的努力和积累是很重要的。就像那海面上的冰山一角，只有在水面下积聚了足够大的体积和重量，才有可能露出尖尖角。

一则国外的寓言是这样说的：恶魔希望把人变成懒汉，而懒汉自己却把恶魔拉了过来。这个寓言说明，懒汉无论如何总会堕落下去的，甚至不惜把恶魔招到身边。

恶魔最讨厌的便是兢兢业业、勤劳肯干的人，还有那些谦虚、持续努力的人，也是恶魔所难以对付的。这种类型的人，无论如何也无法和恶魔合到一块儿。人们努力的意义也就在这里，因为那些努力向上的人，恶魔是难以接近的。但凡努力的人，总会得到回报。

回报之一就是灵感。

如果是勤奋肯干的企业家,就会在某个时候闪现出有关新事业的灵感;如果是孜孜不倦的发明家,就会不断有发明的灵光闪现;如果是挑灯夜战的学者,就会找出正在研究的课题的答案;如果是通宵达旦的小说家,就会想出无数有趣的故事。

事实就是这样。灵感的降临,可以帮助人们获得种种职业上的提高和飞跃。每个人都在企盼着它的到来,但灵感通常只会光顾那些在日常生活中不懈努力的人们。

灵感突然的降临,在一生中可能也只有一两回,如果想成为灵感的接受者,持续不断的努力和积累是很重要的。就像那海面上的冰山一角,只有在水面下积聚了足够大的体积和重量,才有可能露出尖尖角。

钻研学问,并从事与这种学问相适合的职业,能够使你成为另一个人。

第四章　不要失去"饥渴精神"

有益的"学习法"使你掌握度过人生的力量

会读书也是一门学问，并值得终身钻研

> 进行各种方式的阅读，从书中掘取精神的力量。
>
> 如果你能够饶有兴味地把一本书读上五遍甚至十遍，那作者的思想差不多就已经能够完全渗透到你身上，变成你自己的东西了。这样，当我们再对事物进行判断或陈述自己的意见时，不知不觉间，那些深深渗透在自己头脑中的思想就会转化为一种内在的精神力量。

在这章我们来讲一下学习方法的问题。

在学生时代，我们所使用的都是正统的学习方法，老师在课堂上所讲授的内容都是教育研究的最新

成果和被认为是最好的教育理念。因此，认真学习书本知识十分有必要，无论是在学校，或是参加课外补习班和高考补习班。

而大学毕业以后，或是走上社会以后，不会有人再要求我们读书，读书变成了一件自由的事情，这时靠读书来继续加强自学能力就是一件很重要的事。我认为，一个人所阅读的书籍的种类，通常会影响到他自学的方式。我们可以试试以下几种方法。

要点1：深入地研究学问，把"井"凿到最深的地方

一开始，可能完全不懂应该读些什么才好，不知道读什么样的书才会有用，总是会想："怎样学习才好呢？"

在年轻的时候我曾在一年的时间里读过一千多本书。

我曾在自己的著作《谈人生的王道》（幸福的科学出版社出版）中说过这样一句话，"最少要读一千本正正经经的书，这样才能迈出成为有教养的人的第一步。"我这样说，可能有人会想："我可完全不是那种能读一千本书的人。"

第四章　不要失去"饥渴精神"

对于我来说，一年的时间读完一千多册书，并没有感到多么困难，因此不知不觉间我就做到了，而在现实中，对于很多人来说，这似乎是一件很难的事。看一下幸福的科学的新职员们的履历表，顶多也就是读过几百本书，读过一千本书的人在一百个人中也找不出一个。

当然，年轻时代的学习，基本上精读是最重要的，学生时代读不了一千本书也无关紧要。因为这时的学习，还是处在打基础的阶段，只有把基础打牢固了，成年后的阅读才会是有成效的。

学校里的教科书和参考书，基本上都是有必要精读的，快速浏览的方式不但完全无法掌握要领，在考试的时候也得不到好的分数。细致地读，并认真地做笔记，解析试题集，并在重点处划线，然后反反复复地精读，这才是做学问的基础。

为了打好基础，无论如何精读也是必要的，不进行认真而深入的学习是不行的。如果是跳着读，那就无法连贯地掌握书的内容。

走出校门以后，若是你想要在某个领域里获得职业上的成功，就必须深入学习这个领域的学问，在确保精读的同时还要进一步扩大阅读面，不把"井"掘到最深的地方，就难以成为一流的人才，也难以成为某一方面的专家。

要点2：不妨读些与专业无关的书

在精读过大量与自己职业相关的书以后，在你的闲暇之余，比如节假日的时候，完全可以捧起一本专业以外的书细细品读，以作消遣心灵的用途。并且，这样做还可以不断扩展自己的阅读领域。

由于这些书里提到的内容并不会涉及自己所属的专业领域，因此就没有进行特别认真、细致阅读的必要，只要了解个大概的意思就可以了。带着轻松的心境、甚至是漫无目的地浏览一本书，这也是一种很好的享受。

神奇的是，这样的阅读次数多了以后，不知不觉中，我们的阅读速度也会一点点地快起来，我们读的书会越来越多，感兴趣的、不感兴趣的，渐渐的，几乎所有的领域我们都会有所涉猎，并且不感到一点疲倦。这就是广泛而又快速的阅读了。

要点3：把精读和多读兼顾起来

可是，如果仅仅是读的书多，还难以成为真正意义上的读书人。

只一味关注所读的书的数量的人，虽然也浏览到了大量的信息，但这些信息多半是轻飘飘的，得不到沉淀，因为他们无法在这样急速的、甚至带有某种功利心理的阅读中，让自己的心沉静下来，这样一来，阅读不但成了生活的包袱，而且还会对身心的健康起到反作用。渐渐的，他们就只能读一些科幻小说、推理小说或是漫画和一些实用的书籍了。读书的意义仅仅成为实用和消遣，精神启蒙的作用在他们的阅读中已经找不到踪迹。

所以，精读和多读一定要兼顾起来才好。这样一来，既增长了专业技能、启迪了智慧，又能扩展知识面、提高阅读速度。何乐而不为呢？

要点4：发现值得反复阅读的书

在多读的时候，也可以用心去发现一些值得反复阅读的书。

对于自己所关心的领域的图书，只要粗粗浏览一遍，就可以很快知道这些书中有哪本是值得反复阅读的。如果读书的数量不达到一定的程度，值得反复阅读的书也难以出现在你的视野里。很少有这样的情况出现，我们刚看到一本新书，还没有仔细翻几页，就立即断定说："这本书对自己来说是重要的，是必备的书"。

为了发现值得反复阅读的书，某种程度上的多读是必要的。

当你确定某一本书对于你的确是难得的好书时，那么一有机会，你就应该反复地去阅读它。这种反复阅读也不一定非要在短时间内完成，隔一年、两年，甚至十年、十几年以后再反复阅读，书中所说的内容又会带给你新的启悟和思考，在这样反复的思考与沉淀的过程中，书里的内容就会自然而然地变成自己的东西。

如果你能够饶有兴味地把一本书读上五遍甚至十遍，那作者的思想差不多就已经能够完全渗透到你身上，变成你自己的东西了。这样，当我们再对事物进行判断或陈述自己的意见时，不知不觉间，那些深深渗透在自己头脑中的思想就会转化为一种内在的精神力量。

第四章　不要失去"饥渴精神"

☕ 好书需要在不同的心境下反复阅读

> 读书也是一种机缘巧合，在适合的时间、心境下碰到一本适合的书，我们所得到的启悟就会加倍。
>
> 即使是一本已经细心读过的书，隔一段时间反复阅读，仍是十分有必要的。当你恰好需要某方面内容的指引时，假使那内容正好在你的眼前出现，这时你对书的理解就会特别的深刻和透彻了。

《青春的原点》一书，尤其适合35岁以前的人阅读。因为书中的许多内容都是有关人生与成功的。

我希望年轻人能够一有机会就拿起这本书反复阅读。在以前的阅读中有意无意跳过去的部分，再次阅读时为之一振的地方应该还是有很多的。

读一部分，随手放下。过一段时间，再随手拿起来随意翻读。这时，心境的不同又会给我们的阅读带来新的感触，使我们获得新的发现。

可能是自我感觉良好的缘故吧，我常常会忘记自己的年龄，仿佛那个50多岁的年龄并不属于我。我几乎看透了所有年轻一代容易掉下去的陷阱，当我把这些经验集中起来，就自然而然地写下了《青春的原点》等一批面向年轻人的书。

可能是书的风格比较淡泊，年轻人阅读的时候难免会有视而不见的地方。不仅是我写的书，阅读其他作家的书时也会如此，要想一次将所有的东西都品悟到，可能性是很小的。因此，我才反复对大家说，即使是一本已经细心读过的书，隔一段时间反复阅读，仍是十分有必要的。当你恰好需要某方面内容的指引时，假使那内容正好在你的眼前出现，这时你对书的理解就会特别的深刻和透彻了。

如果在适合的时间、心境下碰到一本适合的书,我们所得到的启悟就会加倍。

Chapter V

第五章

像热血的火焰那样生活

——在考虑应该如何去死的时候，会明白勇气究竟是什么

成功者和失败者的不同点在哪里

☕ 走出狭小的自我,学会和别人一起成长

> 我在这里想向年轻人说明的是:从我的经验来看,在我想着"自己想要成功"的时候,无论如何也不能得到幸福。如果想着"自己如果不成功就不会幸福",只知道追求自己的幸福和成功,总的来说是很容易受伤的,并时时被自卑感和嫉妒心所折磨,而当你把自己的心打开,和其他人一起成长,就能得到自己想要的。

在这一章里,我们将以"像热血的火焰那样生活"为题讲述"将来走向社会,到达成功的心理准备"。

这个题目具有很强烈的意向,我希望不仅仅对年

第五章　像热血的火焰那样生活

轻人，同时也谈一些能供更广泛的读者参考的东西。

对于年轻人来说，首先最关心的事情也许是自我实现和将来的前景。20岁前后的我，并不比普通人优秀，也没有高远的心境。回首以往的自己，从某种意义上讲，在学生时代，我的思考方式是以自我为中心。我大胆地使用一下"自我本位"这个词，但是回想一下，我真的曾经是一个"自我本位"的人。

在学生时代，几乎所有的人大概都是这样。80%到90%的人，都持有着"自我本位的思考方式"。采用这样方式思考的人，通常只限于那些在孩童时代学习了某种思想、哲学和宗教理论，或者年长的人的思想，并把这些变为己有的那些人。

如果是按照自然的形态成长，在竞争中拼搏前行，就应该是以自我为本位生存下去。"自己怎样做才好呢？""怎样才能成功呢？""怎样才能自我实现呢？"所有的注意力都集中在自己未来这一点上，对他人的事情真是一点都不关心。自己的将来、能否成功、能否出人头地等等，整天就是从各个角度思考自己的事情。

和年轻人一样，我在学生时代考虑的都是自己的事情。当然，学生时代是学习的时代，而所谓学习是为自己学习，而学习结束的时候，学得的东西将还给社会。因此在学生时代为自己投资，为自己学习是非常重要的，这绝不是值得谴责的事情。

我在这里想向年轻人说明的是：从我的经验来看，在我想着"自己想要成功"的时候，无论如何也不能得到幸福。如果想着"自己如果不成功就不会幸福"，只知道追求自己的幸福和成功，总的来说是很容易受伤的，并时时被自卑感和嫉妒心所折磨，而当你把自己的心打开，和其他人一起成长，就能得到自己想要的。

第五章　像热血的火焰那样生活

☕ 我们所要做的，只是承认自己的心境

> 幸福的人不太爱说别人的坏话或是对别人进行批判。

"一定要把别人说得很坏"这种心情，意味着这个人是不幸福的。幸福的人不太爱说别人的坏话或是对别人进行批判。

说别人的坏话、中伤别人，或是自卑的人，总是抱有"自己没有被承认"的心情。为了反抗这种心情，心灵就会常常摇摆在"攻击他人或折磨自己"这两个极端中。

如果是在性格上要强好胜，就会去攻击他人，"说别人的坏话"，"揭短批判"，"设陷阱"等等，各种方法无所不用其极，总之就是欺负人。而性格偏于内向和腼腆的人，就会倾向于欺负自己，首先是从自卑感开始。

"脑子不好，气质不好，外表不好，爹妈也没给

好的容貌，家里贫穷，爹妈的状况也不怎么样"等等，所有一切都可以拿来成为自卑的材料。

"列举和别人比较起来的种种不幸，为自己辩护，自我安慰，情绪低落，充当悲剧的主人公"——抱有如此心境的人应该很多。把自己当做悲剧的男主人公或女主人公而安慰自己的时候，就会感到自己似乎得到了拯救，在如此的自我安慰中度过岁月的人也很多。

还有的人兼有欺负自己和攻击别人两种心情。这样的人多半是本来能力很强，人也要强，但又很纤细的类型。自己回家以后就欺负自己，一个人自我折磨，哭泣，而一来到他人面前，就说别人的坏话，攻击别人，吹嘘自己，这是一种非常复杂的人。

一看到这样的人，周围的人就会觉得他是具有攻击性的、难以相处的人。可是这样的人一旦回到家以后，就会抽抽涕涕哭了起来，或很后悔，甚至厌恶自己。当心情遇到困挠时，其实我们要做的，只是承认自己的心境而已。

第五章　像热血的火焰那样生活

☕ 成为给他人带来成功的人

> 希望你成为能使他人幸福的人，成为能使他人成功的人，这将是你的成功之路。

我讲了很多，而实际上我自己也经受过上述所有的心情。

时过境迁，这些虽然已经成了过去的故事，但是对于此时此刻，心灵不得不在这两个极端摇摆的人来说，从这种痛苦的旋涡中逃出也许仍是非常困难的。

我在摆脱痛苦以后，得到了一个简单的悟境，这是我在20多岁时经过多年精神格斗的结果。把这个悟境用最平易的语言说明，就是我们前面说过的在以自己为本位，思考自己要成功、自己要幸福的时候，就不能幸福、也不能成功。因为人一旦只为自己，世界就会将他排挤出去。

在这里我发现了在考虑"使他人幸福"、"让他人成功"的时候，自己就会成功。

这是非常单纯的真理，我们可以把它称为"黄金定律"，它必然存在于各种世界性的事物中。

以自我本位的方式生活的人，无论如何也无法注意到这个真相。除非能够遭受一次挫折和打击。

向走上社会的人赠送临别赠言时，如果你只能够说一句话，就要说："希望你成为能使他人幸福的人，成为能使他人成功的人，这将是你的成功之路。"换句话来说，这是走上社会的时候，自己究竟是成为成功者还是失败者的分水岭。

放弃"自我本位",学会和别人一起成长。

把自己的幸福幻化到别人的幸福里

> 使他人走上幸福之路,在他人得到幸福的同时,也可以使自己走上幸福之路。我衷心希望大家把这一点留在脑海中,因为这是走向成功的简单方法。

语言是抽象的,并不需要频繁引用天才和伟人的话,只要举一下具体的例子我们就会明白,无论在什么样的职业中,当你为别人着想时,就会成功。

以漫画家为例,如果他带着"希望尽可能让更多的人快乐"这种想法作画,也许就会成功。而如果只想画自己想画的东西,就很难成功。

出租车司机也是如此,客人多是很珍惜时间的,如果能够真正做到每天都"准确无误地把客人送到想去的地方",那也可以说是一个成功的人。

学校的教师如果是呕心沥血、思考如何让每一个孩子都扬长避短、健康成长,成为有用的人才,并悉心给予指导,这样的人,也可以说是一个成功者。

在教师当中,有的人是"做一天和尚撞一天

第五章　像热血的火焰那样生活

钟",每天就是消磨讲课的时间,这样昏庸的教师恐怕难以得到幸福。在英语中,在谈到"消磨时间"时,说的是"kill time",这句话虽然说得有些严厉,但是消磨时间真的是在杀掉时间。

"在自己的班级中有各种各样的学生,但是能在这里相遇,是一生只有一次的机会。也就是所谓的'一期一会'①。"希望"在每个人那里留下一点什么",如此活着的教师,也可以说是成功者。

在公司工作也是如此。如做营业工作的,要有定额,就是百货店里的女店员,也有定额,要被指示:一天要卖多少,一个月要卖多少,一年要卖多少,一定要完成这些销售定额。因此女店员必须把这些定额卖出去。但是,因为"一定要完成这些定额"而拼命工作的人和考虑"为了使别人得到幸福而工作"的人之间,是有很大差别的。

比如说,一个人在百货公司就职,被分配到妇女服装售品处,尽管是新职工,也必须完成日销售目

---

①一期一会:一生中只有一次相会的机会,与中文的"十年修得同船渡"的意思相近。——译者注

标、月销售目标和年销售目标。但是这样的目标是不能说给客人听的。如果你对客人说，"今天我的目标是50万日元，从现在开始还必须卖出去20万日元，为了让我达成目标，请顾客快来买"，是不会有顾客来买的。顾客不会去关心售品处的店员是否达成目标。目标的达成只与店员自己的工资及出人头地相关。

而妇女服装售品处的店员如果在卖服装的时候从顾客的角度考虑，细心考虑"什么样的服装适合这个顾客呢？""这个顾客穿什么样的服装能显得更美丽呢？""怎么样才能使这个人更有魅力，怎么样才能使她的丈夫和恋人更爱她呢？""什么宝石对这个人更合适呢？"那么这个店员就会走向成功。

使他人走上幸福之路，在他人得到幸福的同时，也可以使自己走上幸福之路。我衷心希望大家把这一点留在脑海中，因为这是走向成功的简单方法。

第五章　像热血的火焰那样生活

☕ 不是在别人那里，而是在自己这里发现未来

> 使自己的心情转变到"希望他人成功，希望他人幸福"，就是打开了被承认的道路。

作为人来说，总是要以自己为本位，以自己为中心。其实对于我们来说，重要的是改变思考方法，使自己的心情转变到"希望他人成功，希望他人幸福"这一点上来。当你站在这样的立场时，你作为一个社会人，就是打开了被承认的道路。

"爱人者，人恒爱之；敬人者，人恒敬之。"这句话出自《孟子·离娄下》，意思是说爱人的人别人也会爱他，尊敬别人的人别人也总是尊敬他。你怎样对待别人，别人也往往会用同样的态度来对待你。

这是我非常想强调的一点，因为这是走向自我实现的方法。

进一步说，在各种各样的人走上幸福之路、走向成功的时候，并不是所有的人都走在相同的道路上，因为各种各样的人生来具有的天分与才能是因人而异的。

学习是非常重要的，我们可以从别人那里学来自己需要的东西。但是并不是所有的人都能成为秀才、研究者、官员、银行职员和法律专家，人们将进入各种各样的世界，所以首先我们应该"知道自己适应什么"，这是很重要的。

未来在哪里？我们必须在自身中发现"未来"。其实发现自身中"未来的姿态"是非常重要的，而"未来的萌芽"就存在于自身中，希望你去发现它。

第五章　像热血的火焰那样生活

☕ 要向所有人学习

> 说"不想成为他(她)那样的人"的人,有时会变得和他(她)所讨厌的人一样。

在这个世界中,"从偏差值①高的学校里出来的人了不起;从偏差值低的学校里出来的人没什么了不起。""某种职业很了不起,某种职业不怎么样。"——这种看法可能很普遍。但我衷心希望大家要努力不用这样的看法去看世界,人各有所长,从任何人那里都可以学到东西。

作家吉川英治②将"我以外皆为我师"作为座右铭。他也让小说中的人物宫本武藏说:"天地万物,

---

①偏差值:所谓"偏差值",是日本人对于学生智能、学力的一项计算公式值,偏差值=[(个人成绩－平均成绩)÷标准差]×10+50。——译者注

②吉川英治(1892—1962),日本小说家。本名吉川英次。1935年开始发表连载历史小说《宫本武藏》,此书成为大众小说中有代表性的作品。战后写作《新·平家物语》、《私本太平记》等作品。——译者注

天下之人，皆为吾师。"这种"我以外皆为老师"的观点在某种意义上是正确的。

以学校里的考试为例，比自己得分低的人，常常也会指出自己的错误，夸奖自己的长处，或给自己一定的启发。就是在那些被认为是"爬在社会的底层"的人中，也有人会说出"寸铁杀人"这样的话来。在世间行走的各种各样的人，有各种各样的学问。

大家走上社会的时候，会遇到上司、前辈、朋友等各种各样的人，每一个人都有值得学习的地方。因此只从好恶出发看人是不行的。"所有的人都有长处"、"学习所有人的长处"——这种想法是很重要的。

如果觉得"这个人很讨厌"，"不想成为他（她）那样的人，这样的短处很讨厌，这样的缺点很讨厌"，那么自己不要变成他（她）那样的人就可以了。看到一个人的缺点，并对此感到厌恶，就要考虑"不要像他（她）那样做"，尽量避免成为他（她）那样的人，这是很重要的。

从我几十年的社会生活经验来看，说"那个人很讨厌"、"不想成为他（她）那样的人"的人，在他（她）所讨厌的人走了的时候，他（她）就开始做他学习所有人的长处,你就会永远领先。

第五章 像热血的火焰那样生活

（她）所讨厌的那个人所做的事了。

比如说，挨欺负的人开始欺负别人了。你被人家欺负，那你应该反其道而行之去夸奖别人，为什么反倒去做与你讨厌的人一样的事呢？

为什么会出现这种情况呢？因为能够经常看到对方讨厌的地方的人，多是因为对方和自己很像，正因为他人有和自己相似的一面，因此经常能非常敏感地看到对方令人讨厌的部分。如果和自己不相似，自己也不会把这个人的短处看得如此真切。

正因为如此，说"不想成为他（她）那样的人"的人，有时反而会变得和他（她）所讨厌的人一样。

成就大事业，成为好领导

在20多岁时就让自己成为有光彩的人

> 头脑灵活、有创造性的人，无论在什么样的世界中，都会显露出才能。

下面我们来讲述"为了得到成功，自己应该在什么道路上成长"这个问题。

首先，在20多岁时经过自我磨练，成为有光彩的人是很重要的。

人们曾把有才能的人比喻成"囊中之锥"。

"囊"就是袋子。把锥放在一个空袋子里，锥尖便"噗"地一声捅破袋子露了出来。也就是说，头脑灵活、有创造性的人，无论在什么样的世界中，都会显露出才能。

第五章　像热血的火焰那样生活

有一天，如来佛祖把弟子们叫到法堂前，问道："你们说说，你们天天托钵乞食，究竟是为了什么？"

"世尊，这是为了滋养身体，保全生命啊。"一个弟子脱口而出。

"那么，生命到底能维持多久？"佛祖接着问。

"众生的生命平均起来大约有几十年吧。"一个弟子迫不及待地回答。

"你并没有明白生命的真相到底是什么。"佛祖听后摇了摇头。

另外一个弟子想了想说："人的生命在春夏秋冬之间，春夏萌发，秋冬凋零。"

佛祖还是笑着摇了摇头："你觉察到了生命的短暂，但只是看到了生命的表象而已。"

"世尊，我想起来了，人的生命在于饮食间，所以才要托钵乞食呀！"又一个弟子一脸欣喜地答道。

"不对，不对。人活着不只是为了乞食呀！"佛祖又加以否定。

弟子们面面相觑，一脸茫然，都在思索另外的答案。这时一个烧火的小弟子怯生生地说道："依我看，人的生命恐怕是在一呼一吸之间吧！"佛祖听后连连点头微笑。

　　20多岁时,像"囊中之锥",把握生命的意义,在一呼一吸之间展现出才能,这样的人经常会被上司注意到,被培养、提拔,走上升迁之路。20多岁正是这样的时代。要知道如果自己不成为"发光体",就很难得到周围的人承认了。

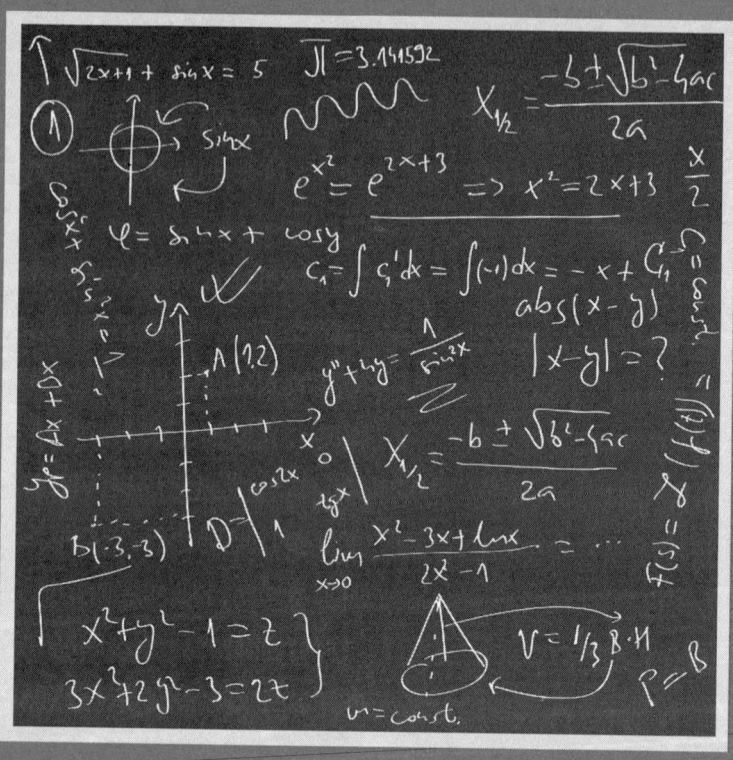

以完满充实的态度度过学校时光。

领导力来源于对人才的培养

> 作为领导的能力，是基于你"胸怀的广阔度"、"宽容度"及"度量"而展现出来的。

可是，如果像尖锥刺人一样，专找人家的缺点，指责人家的失败伤害人家，则不能做成大事。必须作为大器不断得到成长，不可把灵活的头脑只发挥在伤人的事情上。如果成了领导，无论对于任何人，都要努力"根据别人的才能，使别人得以发展"。

比如说，对于出类拔萃的人，要指导他（她）更上一层楼。天才是很少见的，但如果有，就要让他（她）得以发展。对于一般的人，就要发挥他（她）的长处，改正他（她）的缺点。对于平均水平以下的人，在他能够从事普通水准的工作之前，要不断培养和提高他（她）的能力。

因人而异的教育方法，对培养人才是很重要的。这就像根据团队工作的需要组织人手一样，"究竟组织多少人的团队才能提出一个方案，完成一个大工程"？这时一个领导的能力，是非常重要的，这是只有在实际的社会中工作才能展现出来的能力。

而作为领导的能力，是基于你"胸怀的广阔度"和"宽容度"及"度量"展现出来的。并不是"只让自己一个人的才能得以突出和发展就可以了"，人有各种各样的特征，一边考虑让不同的人有各种各样的发展，一边把增强整个团队的力量作为自己的目标是非常重要的。

衷心希望大家不要忘记这一点，并在心里给它一席之地。

☕ 女性成为好领导的要点

> 女性们应该努力，做到尽量能够作出公平、公正的判断，能站在中立的立场看待别人的工作和能力。

今后走向社会就职，出人头地的女性也会多起来。女性走向社会，积累了5年或10年的经验，也有了部下的时候，一个"法则"就开始发挥作用了。

其一就是"女上司容易对女部下很严厉"。这个"法则"并没有被明确提及，但在现实中是存在的。

而另一方面也可以说有女上司不夸奖年轻的女性的倾向。

女性与男性不同的是，男性并不讨厌女性部下。可是女性对女部下却非常严厉，特别是不爱夸奖年轻的女部下。

女性如果站在用人的立场上，必须养成能够夸奖女部下的心境。女性在成为管理干部以后，实际上最初的瓶颈就在这里。在男性们看来，能干的女性是很多的，而女性成为管理干部的时候，最大的瓶颈就是"是否使用女部下"。

第五章　像热血的火焰那样生活

女性使用女性是最难的事情。女性之间的欺侮是最激烈的。男性对这种女性之间的相争甘拜下风，这也成了录用女性干部的瓶颈所在。

因此，女性如果站在用人的立场上时，不能以女部下"年轻"为由欺负人家。欣赏她们是很重要的，进一步说，在对自己部下的工作作出公正、中立的判断和适当、正确的判定的同时，能够"该夸奖的地方就好好夸奖，培育人才"是很重要的。

对于觉得自己现在还年轻，无法想象自己成为管理干部时的样子的女性来说，将来也容易陷入这种状态中，请好好记住这一点：当你有年轻的女部下的时候，绝不能仅仅因为她年轻就欺负她。

能够夸奖其他女性的女性是很受男上司欢迎的。如果有这样的人，其公司也能安心地把她提拔为管理干部。

今后的社会，是女性领导辈出的社会，女性们应该努力，做到尽量能够作出公平、公正的判断，能站在中立的立场看待别人的工作和能力，这是十分重要的。

一个人的好性格就如同生命中的航标。

第五章　像热血的火焰那样生活

☕ 抱着尊重的态度与女上司相处

> 对于女性管理干部，要切实地承认她的能力，也要采取"尊重与爱戴上司"的态度。

在我们的现实生活中，人与人之间存在着巨大的差异：有的人能历尽艰难最终成就一番事业，而有的人则半途而废。今后服务于女性上司的男性也会越来越多，女性上司领导男性的时代很快就会到来。

服务于女性上司时应该怎样做呢？

首先要把自己收拾得干净利索，并做到守约，将被吩咐的事情做好。

女性最讨厌不干净、拖沓不整、没有时间观念的人。由于女性有这样的特点，男性面对女性上司，要努力做到不要引起她们生理上的厌恶感，如果要去服务于女性上司，在这一点上要充分注意到。

更要注意的是，不能挥舞起"男尊女卑"的价值观，因为对方是女性就瞧不起人家。对于女性管理干部，要切实地承认她的能力，也要采取"尊重与爱戴上司"的态度。

从某种程度上讲，能否做到这一点也能反映出一个人的性格是否健全。拥有健全的性格的人不管是在顺境还是在逆境中都能积极面对，并且不懈努力，最终取得成功。那么相反，不良的性格往往会在关键时刻毁掉一个人的一生，进而造成悲剧性的结局。

一个人的好性格正如同生命中的航标，指引着你走向成功，怎样的性格就决定了怎样的人生，只要你抱着尊重女性的态度去对待她们，你也会得到公正的评价。

要知道公司之所以把这个女性放在"上"的位置，是因为这个人有能力，所以她必然是有能力的。当你端正了自己的态度，也许就是你事业成功的开始。

第五章　像热血的火焰那样生活

你的志向决定你自己

☕ 展望充满梦与希望的未来

> 开创新的文化、文明，必须具有精神的基础，所以与物质发展相平衡的精神发展是必要的。

充满梦与希望的未来是什么？

以前我也多次说过，现在的时代正处于历史的大转折点上。

可以预想，正像东西方文明流入日本一样，今后在日本产生的新文明，也将流向世界，这样的时代已经到来了。

因此，对将在今后时代生活的年轻一代的期待是："在日本开创第二次文艺复兴"。

我思故我在。

第五章　像热血的火焰那样生活

开创新的文化与文明，必须具有精神的基础。与物质发展相平衡的精神发展是必要的。为此，我把我们所向往的新文明叫"EI Cantare（具有柔美的光的国家、地球）文明"。

请胸怀大志
人将按其所思而存在
你的志向决定你自己
请展示你的志向
这样你将了解你是谁
你无法成为志向以上的人
请将此刻骨铭心

像热血的火焰那样生活

> 如果你想知道什么是勇气,就去觉悟死。这时你就会知道勇气的内容。

为了开创新时代,我们需要勇气。

可是即使让人家说"拿出勇气来!"也会有一些人"不知该怎么做",茫然不知所措。

所谓勇气,可以理解为是在觉悟到死的时候产生出的东西。

在佛教语言中,有"不惜生命"这句话,意思是说"不惜自己的生命",也就是"觉悟到什么是真正的死"。

人在觉悟到死的时候,就开始知道"勇气是什么",并且能够拿出勇气来。

要想知道"什么是勇气",不是去思考"自己应该如何去生",而应考虑"自己应该如何去死"。要度过怎样的人生,又要怎样去死呢?想有

第五章　像热血的火焰那样生活

怎样的临终之情呢？要作为什么样的人去死？自己死了以后，希望人们怎样评价你？请用这些问题去问一问你自己。

对这些问题的回答，就是人们希望你拿出勇气来。维特根斯坦亦说："勇气通往天堂，懦弱往往叩开地狱之门。"懦弱是人性中勇敢品质的"腐蚀剂"，时时威胁着我们的心灵。只有在生命中注入勇气，才能帮助你斩断前进途中缠绕在腿脚上的蔓草和荆棘。

同时，如果你想知道什么是勇气，就去觉悟什么是死。这时你就会知道勇气的内容。可能当你发现这些问题的答案时，你的内心中将涌出像热血的火焰那样生活的勇气，你将开启崭新的人生。

最后，我对十几岁、二十几岁的年轻人有一个希望。

你们中的大多数人将比我更长地活在这个世界上。有些人甚至会一直活到开启22世纪门扉的前夜。希望你们向22世纪的青年们传达我的话："如果你想知道什么是勇气，就去觉悟死。这时你就会知道勇气的内容。"

在下一个世纪，还会出现新的青年。这些青年们将开创一个新时代。现在20岁前后的人们,为了把开创新文明的志向传给他们,必须度过现在的世纪。

衷心希望你们为了开创新时代,顽强地活下去。

☕ 赠给你的话

只要有勇气,命运任你摆布

只要有勇气,命运任你摆布。
只要有勇气,就能完成一切。
不要强词夺理,让勇气来到你的身边去战斗。
只要有勇气,就会说出这句话。
只要有勇气,就会伸出你的手。
只要有勇气,就会站起来。
只要有勇气,就会拯救别人的生命。
也会改变自己的命运。
人的命运是可以改变的。

这就是勇气。
创造理想国,从勇气开始。
有勇气的人如果不出现,
理想国就不能出现。
需要为了后来者挺身而战的人,
自身并不想去收割,
自身并不想得到果实,
而是需要为后来者尽力的人。
需要的就是勇气。

当你内心充满勇气,
你将开辟新的人生。

后记

亡父善川三朗在2003年8月12日，将满82岁时去世了。父亲为我这个儿子留下了两条遗言。

其一，"不创立学校是不行的，也要考虑创建大学。"我正在为此而努力。

其二，"《勇气的力量》不能不出版。"我在五年前聆听了父亲的遗言，于今才终于完成了《勇气的力量》一书，并得以出版，对此心中感慨万分。面对在天上超然微笑着的父亲，我捧献上这本书。

"父亲，这本书完成得太晚了"，"我都已经满52岁了"，"我不惜生命地一路活到现在"，"我已经死而无悔了，因为我完成了《勇气的力量》"。

合掌。

大川隆法
2008年12月

附录

中央编译出版社

心理类新书

书　名	作者	定价
心理决定健康	檀明山	29.80元
做自己的心理医生全集	蒙明炬	38.00元
心理医生讲述的88个心理故事	邢群麟　王君	28.00元
哈佛教授给学生讲的200个心理健康故事	邢群麟　李敏	29.80元
世界上最流行的心理测试全集	赵广娜　编著	39.00元
幸福是一种心态	黎丹正	32.00元
新情感笔记	冯雪梅	25.00元

生活类新书

书　名	作者	定价
中国养生全典	宋光	498.00元
病由心生	才永发	38.00元
家有妙招	张金萍	36.00元
新医学气功	杨峰	36.00元
老年保健	美国《预防》杂志/编	68.00元
营养治病	美国《预防》杂志/编	39.80元
万能钥匙	[美]查尔斯·汉尼尔	25.00元

书名	作者	定价
饮食决定健康	林欣雨	29.80 元
长寿的奥秘	杨仕俊	58.00 元
历代御医推荐给皇帝的养生食谱	宿春礼 廉勇	29.80 元
历代御医推荐给皇后的养生食谱	姚迪雷	26.80 元
中国性医学史	毕焕洲	36.80 元
黄帝内经养生要诀	柴宏亮	36.00 元
受益一生的健康计划	王君	28.00 元
职业生涯中的养生计划	剑歌	28.00 元
健康自助 ABC：中央人民广播电台健康讲座集锦	杜萍	19.80 元
西餐礼仪	林莹 毛永年	35.00 元
爱恋葡萄酒	林莹 毛永年	35.00 元
爱上咖啡	林莹 毛永年	35.00 元
火星人金星人长相厮守	[美]约翰·格雷	26.80 元
男人为什么恨女人	[英]亚当·朱克斯	20.00 元
卡耐基写给女人全集	[美]戴尔·卡耐基 陶乐斯·卡耐基	38.00 元
维纳斯的战略	[德]克劳迪娅·E.埃克曼 何妙生	19.80 元
女人不哭全集	宋洪洁	39.80 元
品味女人	雅妮	39.00 元
魅力女人励志圣经	李津	48.00 元

励志类新书

书　　名	作者	定价
挺经	曾国藩	49.90 元
冰鉴	曾国藩	49.90 元

忍商	卢志丹	32.00元
破局	莫可	24.00元
局之道	墨子非	23.80元
纵横辩术 从战国纵横家看交际与成功	李晓筝	32.00元
新编商务谈判	姚立	26.00元
口才全集	檀明山	49.90元
只要活着就好	王君	29.80元
目的性修炼	王君	28.00元
做人,要小心	王君	28.00元
人为什么犯错误	李文 吕涤身	20.00元
我创新,我成功	蔡晓佳	29.90元
羊皮卷智慧全书	唐汶	39.80元
怎样说话才打动人	[澳]科尔	27.50元
目标决定成就	[英]卡梅尔·麦考尼尔	18.00元
人性的弱点全集	[美]戴尔·卡耐基	29.80元
领导情景口才全书	博阳	42.00元
有困难 不上交	博阳 曹玮	20.00元
博弈全书	李维	26.00元
有钱人的资本全集	林昊	35.00元
穷人的资本全集	林昊	29.80元
影响中国人的老经验全集	关丽莹	26.00元
会办事巧办事办大事全集	孙广春	23.00元
敢说能说更会说全集	孙广春	23.00元
品格的力量	[英]塞缪尔·斯迈尔斯	48.00元
成事在己	[英]塞缪尔·斯迈尔斯	49.80元
给人生每日的心灵鸡汤	李津	39.80元

书名	作者	价格
先做朋友,后做生意	孙景峰	36.00元 32.80元
抓住细节看人心全集	林昊	35.00元 26.80元
世界上最伟大的励志故事全集	王少毅	48.00元
世界上最伟大的实用口才全书	王少毅	48.00元
世界上最简单的哲理书	李津	39.80元
从不可能到可能——成功人士的七种思维方式	潘捷	25.00元
奥运精神励志书	王少毅	26.00元
和解的艺术——冲突解决八步法则	[美]马克·格平	26.00元
中外经典思维游戏全案	徐保平	29.80元
做人做事说话恰到好处全集	诚斌	48.00元
最伟大的演说辞:导读版	李双	48.00元
最伟大的成功故事全集	邢群麟　李卫平	45.00元
保时捷的老板——文德林·魏德金重铸名车的神话	[德]乌尔里西·菲赫尔	39.80元
改变一生的座右铭	唐汶	34.00元
未来靠自己	[英]加里·派克 司徒·尼斯	18.00元
一块钱也能创业	张新民	28.00元
副手的成功哲学	周树清	30.00元

图书在版编目（CIP）数据

勇气的力量／（日）大川隆法著；钟斯文译．
—北京：中央编译出版社，2009.1
ISBN 978-7-80211-832-4
Ⅰ．勇… Ⅱ．①大…②钟… Ⅲ．成功心理学－通俗读物
Ⅳ．B848.4-49
中国版本图书馆CIP数据核字（2008）第207669号

© Ryuho Okawa 2008
Chinese Translation © Happy Science 2008
First published as *Yuki-no-Ho* by IRH Press Co., Ltd. In 2008.
All Rights Reserved.

本书简体中文版由日本IRH Press Co., Ltd.授予中央编译出版社独家出版发行。版权所有，不得翻印。

勇气的力量

出 版 人	和 龑
责任编辑	贾宇琰　王忠波
责任印制	尹 珺
出版发行	中央编译出版社
地　　址	北京西单西斜街36号（100032）
电　　话	(010)66509236　66509360(总编室)　(010)66509246(编辑部) (010)66509364(发行部)　(010)66509618(读者服务部) (010)66161011(团购部)　(010)66130345(网络销售部)
网　　址	www.cctpbook.com
经　　销	全国新华书店
印　　刷	北京新丰印刷厂
开　　本	787×1092毫米　1/32
字　　数	126千字
印　　张	8.25
版　　次	2009年1月第1版第1次印刷
定　　价	22.00元

本社常年法律顾问：北京建元律师事务所首席顾问律师　鲁哈达
凡有印装质量问题,本社负责调换。电话：(010)66509618